Jägerkameradschaft Cham e.V.

Junge Jäger mögen's WILD
Guade Wildrezepte aus'm Woid

Signal:
„Aufbruch zur Jagd"

Jägerkameradschaft Cham e.V.

JUNGE JÄGER mögen's WILD

Guade Wildrezepte aus'm Woid

SüdOst Verlag

Bibliografische Information der Deutschen Nationalbibliothek

Die Deutsche Nationalbibliothek verzeichnet diese Publikation in der Deutschen Nationalbibliografie; detaillierte bibliografische Daten sind im Internet über http://dnb.dnb.de abrufbar.
ISBN 978-3-95587-800-9

Für uns, die Battenberg Gietl Verlag GmbH mit all ihren Imprint-Verlagen, ist Nachhaltigkeit ein wichtiger Teil unserer Unternehmensphilosophie. Daher achten wir bei allen unseren Produkten auf den Einsatz umweltschonender Ressourcen und Materialien.
Dieses Buch wurde auf FSC®-zertifiziertem Papier gedruckt. FSC (Forest Stewardship Council®) ist eine nicht staatliche, gemeinnützige Organisation, die sich für die verantwortungsvolle und ökologische Nutzung der Wälder unserer Erde einsetzt.

Unsere Partnerdruckerei kann zudem für den gesamten Herstellungsprozess nachfolgende Zertifikate vorweisen:
- Zertifizierung für FOGRA PSO
- Zertifizierungssystem FSC®
- Leitlinien zur klimaneutralen Produktion (Carbon Footprint)
- Zertifizierung EcoVadis (die Methodik besteht aus 21 Kriterien in den Bereichen Umwelt, Einhaltung menschlicher Rechte und Ethik)
- Zertifikat zum Energieverbrauch aus 100% erneuerbaren Quellen
- Teilnahme am Projekt „Grünes Unternehmen" zum Schutz von Naturressourcen und der menschlichen Gesundheit

Überarbeitete 2. Auflage 2023
ISBN 978-3-95587-800-9

www.battenberg-gietl.de
Layout: Regina Schindler

JUNGE JÄGER MÖGEN'S WILD

MEHR ALS EINE REZEPTSAMMLUNG – EINE LEBENSEINSTELLUNG

Wir, die „Jungen Jäger" der Jägerkameradschaft Cham e.V. im Landesjagdverband Bayern, sind ein WILDER Zusammenschluss aus Jungjägerinnen und -jägern. Unsere Altersspanne reicht von 16–66 Jahren. WILD sind auch unsere Berufe, unsere Lebenspläne und unsere Interessen. Aber es gibt etwas, das uns alle eint:

DIE LIEBE ZUR NATUR, IHREN GESCHÖPFEN SOWIE UNSERE PASSION FÜR DIE JAGD.

Wir mögen's WILD in Wald und Flur – und WILD auf unseren Tellern! Wir sind WILD auf Nachhaltigkeit, Regionalität, Saisonalität, Tierwohl und die Natur. In diesem Kochbuch findet ihr alles rund ums Thema WILD: Hintergrundinfos, Basiswissen und unsere feinsten Rezepte. Auch wenn wir den Schwerpunkt auf unser WILD legen, spannen wir den Bogen von der Suppe über das Hauptgericht, bereichert um tolle Beilagen, bis hin zur süßen Sünde und zu Exkursen über essbare sowie heilende Schätze der uns umgebenden Natur.

KOMMT MIT AUF EINE SPANNENDE REISE – WIR LADEN EUCH EIN IN UNSERE WILDE WELT!

DAS IST DES JÄGERS EHRENSCHILD,
DASS ER BESCHÜTZT UND HEGT SEIN WILD,
WAIDMÄNNISCH JAGT, WIE SICH'S GEHÖRT,
DEN SCHÖPFER IM GESCHÖPFE EHRT.
DAS KRIEGSGESCHOSS DER HASS REGIERT,
DIE LIEB' ZUM WILD DEN STUTZEN FÜHRT:
DRUM DENK' BEI DEINEM TÄGLICH BROT
OB AUCH DEIN WILD NICHT LEIDET NOT?
BEHÜT'S VOR MENSCH UND TIER ZUMAL!
VERKÜRZE IHM DIE TODESQUAL!
SEI AUSSEN RAU, DOCH INNEN MILD,
DANN BLEIBET BLANK DEIN EHRENSCHILD.

JULIUS ADOLF OSKAR RIESENTHAL
(*18. September 1830 in Breslau; †22. Januar 1898 in Charlottenburg;
deutscher Forstmann, Maler, Jagd-Schriftsteller und Ornithologe)

Thomas Hausladen
1. Vorsitzender der
Jägerkameradschaft
Cham e. V.

INHALTSVERZEICHNIS

HERBST

WINTER

ALLES FLIESST – PANTA RHEI

Heraklit

WERDEN

WACHSEN

LERNEN

REIFEN

VERGEHEN

WEITERLEBEN

SO ERSCHLIESST SICH FÜR UNS DER BEGRIFF

EWIGKEIT

UND MIT IHR DER SINN UNSERES LEBENS,

DENN NICHTS DAUERT EWIG UND ALLES HAT SEINE ZEIT.

ES GILT SIE NUR ZU NUTZEN UND SEINEN BEITRAG ZU LEISTEN.

FRÜHJAHR

FÜR DIE KINDER – DIE „SCHULE FÜRS LEBEN"

Die Umweltbildung von Kindergarten- und Schulkindern ist ein wichtiger Baustein unserer Vereinsarbeit, auch hierfür haben wir echte Expertinnen und Experten, die besonders in diesem Bereich geschult werden.
So wechseln sich spannende Führungen durch unser Vereinsheim, mit all seinen Tierpräparaten, mit spielerischen Aktionen in der Natur ab. Die Kinder lernen z. B. Fährten und Spuren zu lesen und diese den Tieren zuzuordnen. Im Winter, wenn Schnee liegt, ist der Waldspaziergang gleich doppelt interessant, da die Kinder sehen, dass die „Tiere des Waldes" sogar eigene „Straßen" haben, die wir Jäger „Wildwechsel" nennen. Im Sommer behelfen wir uns mit eigens dafür angeschafften „Fährtenstempeln" in Originalgröße. Die Kinder lernen Bäume, Sträucher und Pflanzen kennen und zu bestimmen. Sie bauen mit uns gemeinsam Nistkästen für Vögel und Fledermäuse, die sie zu Hause, im Kindergarten oder in der Schule aufhängen dürfen. Sie erfahren die Grundlagen der Biotop-Pflege für Wildtiere durch das Pflanzen von Bäumen und Heckenstreifen und erhalten kompetenten Zugang zum Sinn der Jagd, einschließlich des Tier- und Artenschutzes. Damit wird auch das Bewusstsein für regionale Produkte gestärkt.

DAS EICHHÖRNCHEN-SPIEL

Jedes Kind bekommt zehn Nüsse, die es einzeln in einem Waldstück versteckt. Dabei muss jede Nuss ein eigenes Versteck bekommen! Wenn alle Nüsse versteckt sind, erklären wir den Kindern, was „dahintersteckt"!

Die Eichhörnchen verstecken ihre Vorräte im Herbst an Baumwurzeln, unter Blättern oder in Astgabeln. Im Winter halten sie Winterruhe in ihrem Kobel. An wärmeren, trockenen Tagen stehen sie auf und fressen von ihren Vorräten. Viele Verstecke finden die Eichhörnchen im Laufe des Winters aber nicht mehr wieder. Im Frühjahr keimen dann aus den versteckten Nüssen, Eicheln oder Kastanien neue Bäumchen. Die Eichhörnchen tragen so zum Erhalt unserer Wälder bei.

Nach 5 Minuten dürfen die Kinder loslaufen. Sie müssen versuchen, innerhalb von zwei Minuten ihre eigenen zehn Nüsse wiederzufinden. Gewonnen hat, wer die meisten Vorräte wiederfindet.

Sie begreifen durch das Spiel die Natur als großes Ganzes, worin sich ALLES wechselseitig ergänzt. Fehlt ein Teil, hat das immer Auswirkungen auf das gesamte System. Begriffe wie Biodiversität und Artenvielfalt bekommen ein „Gesicht". Aus auswendig gelernten Begriffen wird Wissen!

QUICHE MIT REHBRATWÜRSTEL

Für eine Auflauf- oder Keramikform mit Ø 27–30 cm

ZUTATEN TEIG:

250 g Weizenmehl Type 550

50 ml Olivenöl

100 ml kaltes Wasser

2 g Salz

Butter zum Einfetten der Form

200 g getrocknete Hülsenfrüchte, z. B. Linsen/ Kichererbsen

1 Alle Zutaten in eine Rührschüssel geben und den Teig mit den Händen kneten, bis er zähelastisch ist und leicht speckig glänzt.

2 Teig abdecken und 1 Std. kaltstellen. Eine Quicheform aus Keramik oder eine Metallbackform mit herausnehmbarem Boden einfetten, den Boden mit Backpapier auslegen und den Rand einfetten.
In den Backofen bei 190° C geben.

3 Den Teig aus dem Kühlschrank nehmen und mit einem Nudelholz etwas größer ausrollen als die Form ist. Dabei darauf achten, dass der Teig an allen Stellen gleich dick ist, da er sonst unterschiedlich gebacken wird. Teig in die Form legen und mit den Fingern gleichmäßig flachdrücken, den Rand andrücken. Überstehen-

ZUTATEN FÜLLE:

500 g Porree roh, gewaschen, geputzt, fein geschnitten

2–3 rohe Rehbratwürstel

3 Eier

150 g Crème fraîche

150 g Magerquark

100 ml süße Sahne

100 g Bergkäse

6 g Salz

2 g Rosmarin

Pfeffer, Muskatnuss

1 EL Mondamin

FÜR DAS „BLIND" BACKEN:

Den Teig mit Backpapier bedecken und mit getrockneten Hülsenfrüchten oder Kirschkernen auffüllen, durch das Gewicht der Kerne bleibt der Boden schön flach. Das Backpapier dient nur dazu, dass man danach die Hülsenfrüchte nicht mühselig aus dem Teig pulen muss.

de Ränder mit einem Messer abschneiden und ggf. an dünnen oder fehlenden Teigstellen ansetzen. Mit einer Gabel mehrmals einstechen (verhindert Lufteinschlüsse und Luftblasen). Den Teig auf der unteren Schiene bei 190° C Ober- und Unterhitze 10 Minuten „blind" (siehe Anleitung) backen, danach noch mal 5 Minuten auf der mittleren Schiene des Ofens backen.

FÜLLE

1 Den ganz dunklen und festen Anteil vom Lauch abschneiden und für Suppenbrühe aufheben. Den Lauch der Länge nach bis zur Mitte einschneiden und unter fließendem Wasser waschen, abtropfen lassen.

2 Lauch in feine Halbringe schneiden. Anschließend in einen Locheinsatz geben und 4–5 Minuten dämpfen (beim Blanchieren wird der Lauch zu nass und verliert auch einen Teil seines Geschmacks), auskühlen lassen.

3 Dann zieht man die Haut von den Bratwürsteln und schneidet diese in ca. 3 cm dicke Stücke.

4 Eier, Crème fraîche, Quark und Sahne mischen und mit dem Rührgerät cremig rühren. Frisch gezupften und zerkleinerten Rosmarin, den geriebenen Bergkäse, restliches Salz, etwas Muskat und Pfeffer in einer großen Schüssel locker vermengen. Danach den Käse und den blanchierten Lauch zugeben und alles gründlich vermengen.

5 Den Esslöffel Mondamin auf dem bereits vorgebackenen, leicht abgekühlten Quiche-Boden verteilen und glattstreichen. Damit hemmt man das Durchweichen des Bodens durch die Feuchtigkeit der Fülle.

6 Die Masse nun auf dem vorgebackenen Quiche-Teig gleichmäßig verteilen. Die Würstchenstücke in die befüllte Quiche stecken.

7 Auf der untersten Schiene im Ofen 10 Minuten anbacken. Jetzt den Ofen auf 190° C Umluft stellen und die Quiche in die Mitte des Ofens schieben, und weitere 20 Minuten backen. 30 Minuten bei Raumtemperatur abkühlen lassen. In dieser Zeit fällt die fluffige Käsemasse wieder etwas in sich zusammen und wird schnittfest. Die Quiche kann kalt oder warm serviert werden, als Snack, als kleine Vorspeise.

Andrea Süß
2. Vorsitzende der Jägerkameradschaft Cham e. V.

Die FREIHEIT, die LIEBE zur Natur mit ihrer Tier- und Pflanzenwelt, die Menschen und die Jagd sind meine Leidenschaften. Dafür brenne ich. Zusammen mit den „Jungen Jägern" ehrenamtlich für unser gemeinsames Herzensthema, die Jagd, etwas zu bewegen, ist unser Ziel. Wenn ich an die Zeit des Schreibens dieses Kochbuchs zurückdenke, steigt der Duft von köstlichem Essen in meine Nase. Ich denke an fröhliche Menschen, die sich mit ihren so unterschiedlichen Fähigkeiten gegenseitig unterstützen. Ein Lächeln huscht über mein Gesicht, wenn ich an die vielen Fototermine, Besprechungen und die gemeinsamen Kochtermine zusammen mit den „Jungen Jägern" zurückdenke.
Eine unglaubliche und wunderbare Zeit! Ich danke den „Jungen Jägern" für das Vertrauen in mich, dass ich die gesammelten Werke unserer Gruppe in diesem Kochbuch zusammenfassen und den Leserinnen und Lesern einen Einblick in „UNSERE WELT" geben durfte.

SÜPPCHEN VOM LÖWENZAHN

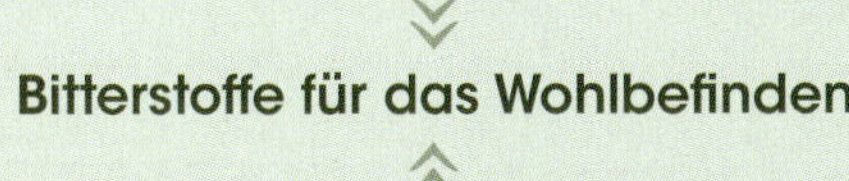

Bitterstoffe für das Wohlbefinden

ZUTATEN:

2 rote Zwiebeln

2 EL Distelöl

1 EL Dinkelmehl

250 ml Gemüsebrühe

150 g junge Löwenzahnblätter

½ Tasse Weißwein

1 EL Honig

etwas Sahne

Kräutersalz

1 Zwiebel in feine Würfel schneiden und mit dem Distelöl anrösten. Nun das Mehl darübergeben und gut umrühren. Dann die Brühe nach und nach dazugeben und mit dem Schneebesen darunterrühren. Alles zum Kochen bringen.

2 Die gewaschenen Löwenzahnblätter grob zerkleinern und zusammen mit dem Weißwein in die kochende Suppe geben. Einige Minuten mitkochen. Nun püriert man die Suppe und lässt sie noch einmal aufkochen. Mit Honig, Sahne, Kräutersalz und Pfeffer abschmecken.

GLÜCKLICH IST, WER
DAS, WAS ER LIEBT,
AUCH WAGT MIT MUT
ZU BESCHÜTZEN.
OVID
römischer Dichter

GEGRILLTER REHRÜCKEN VOM MAIBOCK

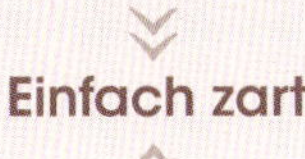

Einfach zart

ZUTATEN:

Rehrücken, ausgelöst

2 EL Currypulver

2 TL Oregano

½ TL Rosmarin

½ TL Garam Masala

½ TL gem. Pfeffer

Öl, Salz

Rehfleisch ist fettarm, dafür aber reich an B-Vitaminen und Eiweißen. Außerdem enthält es wichtige Spurenelemente wie Eisen, Selen, Zink und ist leicht verdaulich. Ihr bekommt es frisch von eurem Jäger. Es behält seinen wunderbaren Geschmack aber auch, wenn es eingefroren war.

1 Die Gewürze gut miteinander vermischen.

2 Den Rehrücken, falls noch nicht geschehen, parieren (Sehnen und Silberhaut mit einem scharfen Messer entfernen), mit gutem Öl einreiben.

3 Die Gewürzmischung über dem Rehrücken verteilen und leicht andrücken.

4 Auf den Grill bei mittlerer Hitze geben und ca. 20 Minuten grillen.

5 Ein paar Minuten ruhen lassen, aufschneiden und Salz darübergeben.

6 Mit einem Grillthermometer weiß man genau, wann der Rücken perfekt ist. Je nach Alter des Rehs kann die Garzeit etwas unterschiedlich sein.

Bei einer Kerntemperatur von 55 bis 59° C ist das Fleisch rosa. Ab 60° C Kerntemperatur ist es voll durchgegart. Rehfleisch ist dezent im Geschmack. Es überzeugt durch ein großartiges Aroma, insbesondere wenn es am Grill zubereitet wurde.

JUNGWILDRETTUNG

Ein fester Bestandteil der Revierarbeit ist die Rettung von Jungwild wie Rehkitze, Junghasen, die Gelege von Bodenbrütern usw. vor dem Mähtod.

DROHNENEINSATZ:

Mit Hilfe von Drohnen, die mit Wärmebildkameras ausgestattet sind, können Jungtiere aufgespürt werden.
Da heißt es, morgens früh um vier Uhr raus aus dem schönen Bettchen, um oft bereits vor dem Brotberuf diese kleinen Lebewesen zu finden und zu bergen. Der Drohneneinsatz funktioniert nur morgens, wenn die Sonne die Wiesen noch nicht aufgewärmt hat. Nur dann sind die Jungtiere auf der Wärmebildkamera sicher zu erkennen. Sie werden nach dem Auffinden im Schatten an einem sicheren Ort untergebracht, bis der Landwirt die Wiese gemäht hat. Aber auch hier ist das zeitliche Timing sehr wichtig. Ohne Muttermilch trocknen die Rehkitze innerhalb weniger Stunden aus und sterben. Nach der Mahd werden die Kitze im angrenzenden Wald wieder frei gelassen. Meist hat die Mama das Geschehen aus sicherer Entfernung beobachtet und holt die Kleinen, die sich durch Fiep-Laute bemerkbar machen, zu sich.

EINSATZ UNSERER JAGDHUNDE

Die Kitze sind in den ersten Wochen geruchslos, damit sie von den Fressfeinden wie zum Beispiel dem Fuchs geschützt sind. Selbst unsere Jagdhunde, die uns mit ihren phänomenalen Nasenleistungen wertvolle Dienste leisten, können sie nur schwer wittern. Oft reicht das Absuchen der Wiese am Abend vor der Mahd, um die Mutter zu beunruhigen und sie dazu zu animieren, die Kitze an einen anderen Ort zu bringen. Sind die Kitze etwas älter, entwickelt sich ein Fluchtinstinkt. Bis zu diesem Zeitpunkt suchen sie ihr Heil in der Deckung, in der sie regungslos verbleiben. Unsere Jagdhunde werden bereits von Jugend an darauf trainiert, gesundes Wild zu schonen. Das heißt, sie dürfen Wild, das nicht verletzt ist, nicht verfolgen oder gar jagen. Wenn keine Technik zur Verfügung steht oder die Wiese durch die Sonne schon zu warm ist, sind unsere Hunde eine wertvolle Hilfe zur Rettung der Jungtiere. Über den QR-Code seid ihr live dabei, wenn meine Nandl so ein kleines Rehkitz findet.

EINSATZ VON KITZWARNERN:

Auch hier leistet die Technik Unterstützung. Wenn sich der Landwirt bereits am Tag vor der Mahd meldet, können sogenannte Kitzwarner in den Wiesen aufgestellt werden. Diese geben in unterschiedlichen Zeitabständen immer wieder Licht und Signaltöne von sich. Diese Phasen sind von Pausen durchbrochen. Die so beunruhigte Rehgeiß holt dann die Kitze in einer Ruhepause aus der Wiese. Aber auch hier sind wir Jäger auf die Zusammenarbeit und Hilfe der Landwirte angewiesen. Ohne eine rechtzeitige Information über den Zeitpunkt der Mahd ist dies nicht möglich. Leider werden heute allzu oft die Entscheidungen zum Mähen einer Wiese sehr kurzfristig getroffen. Dann wird es umso schwerer, rechtzeitige Hilfe zu organisieren. Wir haben zu unseren Landwirten ein gutes Verhältnis, so kann in Zusammenarbeit oft ein langsamer und grauenvoller Tod verhindert werden.

Informationen zum Feldhasen

DIE ERDE IST NICHT NUR
UNSER GEMEINSAMES
ERBE, SIE IST AUCH DIE
QUELLE DES LEBENS.
Dalai Lama

BEINWELL-ROULADEN

Die passende Soße dazu findet ihr auf Seite 27.

ZUTATEN:

1–2 Beinwellblätter/Rolle

dünn geschnittene Scheiben Schinken

kleine Scheiben Feta

etwas Mehl

1 Ei

Paniermehl

Butter zum Ausbacken

1 Blätter waschen, Mittelrippe flach drücken. Schinken und Käse auf die Blattoberseiten legen.

2 Beinwellblätter aufrollen, sie kletten sich selbst fest.

3 Erst in Mehl, dann in Ei und als letztes in Paniermehl wenden und in Öl kurz ausbacken.

BEINWELL

wirkt schmerzlindernd, entzündungshemmend, abschwellend, wundreinigend und durchblutungsfördernd. Er wird vor allem bei Prellungen und Zerrungen, Brüchen und anderen Sportverletzungen äußerlich als Salbe oder Umschlag verwendet. Spätestens nach 4 Wochen ist die Behandlung für ein paar Wochen auszusetzen.

Beinwell soll nur in kleinen Mengen verzehrt werden!

MINZ-BEINWELL-SOSSE

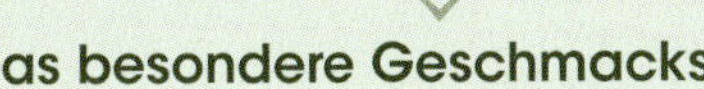

Das besondere Geschmackserlebnis

ZUTATEN:

100 g Joghurt

½ Salatgurke

8 Blätter Minze

3 kleine Beinwellblätter

1 Tomate

Salz

8 Beinwellknospenstände zum Garnieren

1 Den Joghurt und 1/3 der Salatgurke im Mixer pürieren. Minze und Beinwellblätter in feine Streifen schneiden und dazugeben.

2 Restliche Tomate und Gurke fein würfeln und unterheben.

3 Beinwellknospenstände kurz blanchieren und die Soße damit garnieren.

4 Zu den frittierten Beinwellrouladen reichen.

NEHMT NIE ALLES. SEID DANKBAR FÜR DIE ERNTE UND DIE HEILKRAFT DER PFLANZE.

SAMMELT NUR KRÄUTER, DIE IHR SICHER BESTIMMEN KÖNNT.

DER ABNORME REHBOCK:

Für uns Jäger sind die Launen der Natur etwas ganz Besonderes. Sie werden von uns hochgeschätzt, zeigen sie doch die Vielfalt der Schöpfung.
Auch unter uns Menschen gibt es die, die eben anders sind. Es liegt an uns, sie als Kostbarkeit und Bereicherung anzusehen.

REHBRATEN IN TRAMEZZINI MIT ZWEIERLEI GNOCCHI, ROTWEINSCHALOTTEN UND PETERSILIENWURZELPÜREE

ZUTATEN:

½ Rehrücken (ca. 1,2 kg)

je 100 g Karotten, Sellerie und Champignons

2 große Zwiebeln

2 EL Tomatenmark

400 ml Rotwein

100 ml Portwein

1½ l Wasser

15 weiße Pfefferkörner

15 Wacholderbeeren

10 Pimentkörner

2 Lorbeerblätter

1 Thymianzweig

Salz, Pfeffer

Preiselbeeren

ZUTATEN WILDGEWÜRZ

10 g Pfefferkörner schwarz

20 g Pimentkörner

10 g Wacholderbeeren

5 g Kümmel

25 g Korianderkörner

1 Rehrücken auslösen und parieren (von Sehnen und Fett befreien), dann kalt stellen. Rehknochen klein hacken, im Topf mit Öl kräftig anschwitzen. So bekommt man eine leckere Soße. Karotten, Sellerie, Zwiebel und Champignons klein schneiden, zugeben und weiter rösten, bis alles eine kräftige dunkle Farbe bekommen hat. Tomatenmark zugeben, mit anschwitzen.
Mit Rotwein ablöschen und einkochen lassen. Portwein zugeben, weiter einkochen lassen. Dann mit Wasser auffüllen und aufkochen lassen, abschäumen. Soße bei kleiner Hitze ca. 2 Stunden köcheln lassen.

2 Gewürze grob zerstoßen und in die Soße geben. Noch einmal aufkochen lassen, Soße vom Herd nehmen und Gewürze ziehen lassen. Mit Salz und Pfeffer abschmecken. Durch ein feines Sieb seihen. Bei Bedarf mit angerührtem Mondamin binden. Nach Geschmack zum Verfeinern noch ein paar Preiselbeeren einrühren. Rehrücken salzen und pfeffern, mit Wildgewürz (zuvor im Mörser oder der Moulinette grob zerkleinern) bestreuen. Öl in einer Pfanne erhitzen. Rehrücken von allen Seiten goldbraun anbraten.

3 Im vorgeheizten Ofen bei 120° C den Rehrücken ca. 15 Minuten rosa gar ziehen lassen. Abschließend alles zusammen in einer Pfanne erhitzen, damit sich das Aroma besser entfalten kann.

Die Rezepte zu den Beilagen findet ihr auf den Seiten 36 und 37.

Die Forelle ist ein fester Bestandteil der bayerischen Landküche und natürlich auch bei uns Jägern. Wir sind ja oft beides: Jäger und Fischer.

KRÄUTERFORELLE MIT FRISCHEM SPARGEL

Der Spargel mit etwas frischem Meerrettich vollendet den Geschmack! Der Meerrettich wirkt sich positiv auf die Gesundheit aus.
Er senkt Cholesterinwerte und hilft gegen Entzündungen aufgrund seiner Scharfstoffe.

ZUTATEN:

400 g festkochende Kartoffeln

Salz

1 Prise Zucker

800 g weißer Spargel

1 Stück frischer Meerrettich

1 Bund Schnittlauch

2 EL gem. Kräuter

1 EL Petersilie

4 Forellenfilets

Pfeffer, 1 EL Öl

½ TL Kümmel ganz

3 EL Butter

2 EL Mandelblättchen

Zitronensaft

1 Die Kartoffeln schälen und in kochendem Salzwasser 20–25 Minuten garen. Spargel sorgfältig schälen. Untere Enden abschneiden und den Spargel kochen. In das Kochwasser gibt man etwas Salz und eine Prise Zucker. Vom Herd nehmen und ziehen lassen.

2 Kartoffeln abgießen, ausdampfen lassen und warm halten. Meerrettich schälen, Schnittlauch und restliche Kräuter und Petersilie fein schneiden.

3 Forellenfilets in 8 Stücke schneiden und mit ein wenig Pfeffer würzen. Man kann die Forelle grillen oder Öl in einer beschichteten Pfanne erhitzen, dann Kümmel zugeben. Fischfilets auf der Haut zwei Minuten knusprig anbraten, Butter zugeben und die Fleischseite der Filets ständig mit der Butter bepinseln, bis der Fisch gar ist (ca. eine Minute).

4 Nun nimmt man die Forellenfilets aus der Pfanne und richtet sie auf vorgewärmten Tellern an. Mandeln und Kräutermischung in die Pfanne zur Butter geben und darin schwenken. Mit Salz und Zitronensaft abschmecken.

5 Spargel im Spargelwasser kurz erhitzen und mit einer Schaumkelle herausnehmen. Mit den Kartoffeln auf den Tellern anrichten. Die Kräutermandelbutter darübergießen und den frischen Meerrettich darüberraspeln.

Ein Stück Kultur und Denkmalschutz, gekoppelt mit dem Gedanken der Regionalität und Nachhaltigkeit – das macht uns aus!
Am südlichen Stadtrand von Cham im Ortsteil Altenmarkt liegt am Quadfeldmühlbach ein geschlossener Vierseithof – die Klostermühle Altenmarkt. Bereits 1135 wird die Mühle erstmals urkundlich erwähnt, wobei sie als eine der größten in der Gegend galt. Bis zur Säkularisation 1802 war das Ländliche Kulturzentrum Eigentum verschiedener Klöster (Reichenbach, Amberg, Neunburg) und trägt deshalb den Namen „Klostermühle".

das ländliche Kulturzentrum

Klostermühle Altenmarkt

Melanie & Alfred Rauscher
Altenmarkt 6
93413 Cham

Öffnungszeiten Bauernladen:
Montag/Donnerstag/Freitag
9:00 – 19:00 Uhr
Samstag
9:00 – 13:00 Uhr

FEIERN IM HISTORISCHEN AMBIENTE,
REGIONALE SCHMANKERL ALS
TISCHBUFFET,
SEMINARRÄUME ZUM ABSCHALTEN
UND AUFTANKEN,
EINE VIELZAHL LAUFENDER KURSE
LADEN ZUM MITMACHEN EIN.

PETERSILIENWURZELPÜREE

ZUTATEN:

500 g Petersilienwurzel

200 ml Sahne

50 g Nussbutter

Salz, Muskat

1 Die Petersilienwurzel schälen, klein schneiden und in Salzwasser weich kochen.

2 Die Sahne aufstellen, leicht einkochen lassen. Die Petersilienwurzel zur Sahne geben und so lange einkochen lassen, bis die Sahne fast verkocht ist.

3 In der Moulinette sehr fein pürieren.

4 Mit Nussbutter, Salz und Muskat abschmecken.

ROTWEINSCHALOTTEN

ZUTATEN:

200 g Schalotten

100 ml roter Portwein

200 ml Rotwein

1 Rosmarinzweig

1 Lorbeerblatt

50 g Butter

Salz, Pfeffer

1 Fein gewürfelte Schalotten mit Portwein und Rotwein in einen kleinen Topf geben.

2 Rosmarin und Lorbeerblatt zugeben, mit Salz und Pfeffer würzen. So lange köcheln, bis die Flüssigkeit vollständig reduziert ist und die Schalotten weich sind (evtl. noch etwas Rotwein angießen).

3 Mit kalter Butter binden.

ZWEIERLEI GNOCCHI

ZUTATEN:

500 g mehligkochende Kartoffeln

50 g Mehl

50 g Stärkemehl (Mondamin)

40 g Semolino (Nudelgrieß)

40 g Eigelb

Salz, Muskat gemahlen

etwas Butter oder Olivenöl

1 Kartoffeln waschen und mit der Schale dämpfen, sie sollten zwar durch, aber nicht zerkocht sein.

2 Kartoffeln noch heiß schälen und durch eine Kartoffelpresse drücken. Im noch warmen Zustand vorsichtig zu einem Teig verarbeiten. Den warmen Teig in zwei Hälften teilen.

3 Die zweite Teighälfte mit gerösteten Mandeln vermengen.

4 Von jedem Teig Teigrollen von 1,5 cm Durchmesser herstellen und kleine Stücke von 2 cm Länge abstechen.

5 Salzwasser in einem Topf zum Kochen bringen und die Gnocchi hineintauchen. Sobald sie an die Oberfläche steigen, mit einem Schaumlöffel vorsichtig herausnehmen und in einer Pfanne mit hohem Rand in zerlassener Butter oder Olivenöl schwenken.

KRÄUTERWASSER

Nach Belieben frische Kräuter sammeln und mit Mineral- oder Leitungswasser aufgießen und ziehen lassen. Eine köstliche Erfrischung mit vielfältigen Geschmacksvariationen.
Je nachdem, welche „Zipperlein" du hast, kannst du die Kräuter auch entsprechend auswählen.

ICH FINDE ES RICHTIG,
DASS MAN ZU BEGINN
EINER JAGD DIE HASEN
UND FASANE DURCH
HÖRNERSIGNALE WARNT.
GUSTAV HEINEMANN

FRISCHKÄSEDIP GUACAMOLE

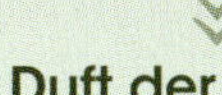

Der Duft der weiten Welt

ZUTATEN:

1 weiche Avocado

2-3 Kirschtomaten

½ Schalotte oder Zwiebel

½ Zitrone

½ Knoblauchzehe

Salz, Pfeffer

Auch bei der Qualität von Salz gibt es Unterschiede! Naturbelassenes Gesteinssalz enthält viele wertvolle Bestandteile, die eurer Gesundheit gute Dienste leisten. Es gab eine Zeit, da wurde Salz mit Gold aufgewogen. Nach diesem Kriterium sollten wir Salz kaufen. Eine ausreichende Versorgung mit Salz ist für Mensch und Tier lebensnotwendig.

1 Wählt beim Kauf eine Avocado, die weich genug ist, um sie mit der Gabel zerdrücken zu können. Sie sollte keine braunen Stellen im Fruchtfleisch haben, da diese bitter schmecken. Ihr könnt sie auch noch ein paar Tage in der Nähe von Tomaten oder Äpfeln auf einer weichen Unterlage lagern. So kann sie bei Bedarf nachreifen.

2 Die Avocado der Länge nach mit einem scharfen Messer halbieren. Durch Drehen der beiden Hälften könnt ihr diese voneinander teilen. Den Kern entfernen. Nun löst man das Fruchtfleisch der beiden Hälften aus der Schale. Anschließend wird die Frucht mit der Gabel zerdrückt.

3 Tomaten und Zwiebeln klein schneiden und hinzufügen. Je nach Vorliebe kann die Zwiebel dosiert werden. Das Ganze wird zu einem Brei zerdrückt und vermengt.

4 Im letzten Schritt wird noch mit Salz, Pfeffer, Zitronensaft und Knoblauch, falls gewünscht, abgeschmeckt.

5 Es gibt noch Varianten mit etwas Frischkäse, körnigem Frischkäse, Skyr-Joghurt oder zerbröseltem Feta.

6 Der frische Geschmack erinnert an einen Urlaub in exotischen Ländern und verbindet sich wunderbar mit dem Geschmack des Wildfleisches.

KULTURERBE

Es gibt Dinge, die kann man nicht kaufen. Man bekommt sie auch in keiner Schule vermittelt. Nur in der Geborgenheit einer liebevollen Gemeinschaft lernt man, mit dem Herzen zu sehen. Hinter die Fassade zu blicken und den wahren Kern der Dinge zu erkennen. Und so lernen die Kinder von den Eltern. Die Jungjäger lernen von den erfahrenen Jägern, füreinander da zu sein, das Wissen um die Jagd, das Wild und die Natur weiterzugeben von Generation zu Generation. Die Jagd gehört von Beginn der Menschheit an zu uns. Wir bewahren dieses immaterielle Kulturerbe, indem wir es leben.

SALATREZEPT FRÜHLINGSZAUBER

ZUTATEN:

Kopf- oder Schnittsalat nach Wahl

ca. 20 Walnusskerne

4 Tomaten, einige Radieschen

evtl. 1 Dose Thunfisch

zusätzlich nach Belieben und Verfügbarkeit: jeweils frische Bärlauchblätter, Brennnesselbätter, Spitzwegerichblätter, Gänseblümchenblätter und -blüten, Löwenzahnblätter, Mangoldblätter

ZUTATEN DRESSING:

1 TL Senf

1 TL Meerrettich aus dem Glas oder frisch geriebener Meerrettich

Kräuteressig und heller Balsamicoessig

kaltgepresstes Distelöl

Salz, Pfeffer

ca. 3 EL brauner Rohrzucker nach Geschmack

1 Die Kräuter, der Salat, die Tomaten und die Radieschen werden gründlich gewaschen und zerkleinert. Je nach Verfügbarkeit können nun unterschiedliche Variationen kreiert werden.

2 Für das Dressing werden Senf und Meerrettich mit den zwei verschiedenen Essigsorten und einem kaltgepressten Distelöl gemischt. Dann etwas Salz, Pfeffer, Rohrzucker und nach Belieben einige Spritzer Maggi dazugeben.

3 Nach Geschmack kann auf dem angemachten Salat in der Mitte der Thunfisch verteilt werden.

Die frischen Kräuter aus dem Garten sind eine Wohltat für den Körper nach den langen Wintermonaten. Sie stärken, reinigen und machen euch wieder fit. Der würzige Geruch frisch geschnittener Kräuter lässt uns das Einfache achten und das Besondere schätzen. Da, wo man gut versorgt ist, sind wir zu Hause.

WO MAN MIT LIEBE
KOCHT UND AUS GÄSTEN
KÖNIGE MACHT,
WO DIE TRADITION
ERHALTEN WIRD UND
NEUE KREATIONEN
ENTDECKT WERDEN,
DA WERDEN DIE
WUNDERVOLLEN
ERINNERUNGEN DER
ZUKUNFT GEBOREN.

HOLLERKÜCHLE

ZUTATEN:

3 Eier

2 EL Mineralwasser

etwas Salz

3 TL Zucker

6 EL Mehl

1/4 TL Backpulver

4 EL Milch

14 Holunderblüten

Distelöl

Puderzucker

1 Die Eier mit Mineralwasser und Salz mit einem Mixer gut schaumig schlagen. Zucker nach und nach einrieseln lassen.

2 Mehl mit Backpulver mischen. Milch und Mehl dazugeben und weiterschlagen, damit es ein dicker Teig wird.

3 Distelöl erhitzen. Nun taucht man die gewaschenen und gut abgetropften Holunderblüten in den Teig und backt sie schnell in dem heißen Öl schwimmend heraus. Zum Schluss mit Puderzucker bestäuben und warm servieren. Hollerküchle sind auch ein köstliches Dessert für liebe Gäste.

Durch die große Flexibilität des Familienbetriebes und den modernen Produktionsablauf können hochwertige Weizen-, Roggen- und Dinkelprodukte hergestellt werden. Die Vermarktung erfolgt von der 1-kg-Tüte für die Hausfrau oder den Einzelhandel bis zur Loseabnahme per LKW durch Bäckereien. Durch die Verbundenheit mit der Natur und der Heimat achtet Alfons Kolbeck darauf, dass sein Getreide aus kontrolliertem Anbau kommt. Der jahrelange persönliche Kontakt zu den Landwirten garantiert seinen Kunden Tag für Tag beste Mehlqualität und Sicherheit.

Kolbeck Mühle
Alfons Kolbeck
Roßbach 24
93466 Chamerau

UNSER TÄGLICHES BROT NAHRUNG FÜR LEIB & SEELE

ZUTATEN:

1 Beutel flüssiger Natursauerteig (150 g)

350 g Roggenbackschrot Type 1800

50 g Roggenvollkornschrot

350 g Weizenmehl Type 1050

1 Beutel Trockenhefe

175 ml lauwarmes Wasser

1 TL Zucker, 2 TL Salz

2 EL Sonnenblumenöl

1 TL zerstoßener Koriander

1 EL Roggenvollkornschrot

1 Den Beutel Sauerteig 20 Minuten in lauwarmes Wasser legen. Schrot und Mehl in einer Schüssel mit Trockenhefe mischen. 175 ml lauwarmes Wasser und den Sauerteig hinzufügen.

2 Zucker, Salz, Öl und nur so viel Wasser dazugeben, wie der Teig aufnehmen kann, ohne zu klebrig zu werden. Den Teig auf bemehlter Arbeitsfläche zehn Minuten durchkneten und zugedeckt eine Stunde ruhen lassen.

3 Anschließend den Teig mit Kräutern und Gewürzen verkneten und zu einem runden Laib formen. Auf ein mit Backpapier ausgelegtes Backblech legen und zugedeckt 45 Minuten ruhen lassen.

4 Backofen auf 200° C Ober- und Unterhitze vorheizen. Den Laib mit Wasser bestreichen und mit Schrot bestreuen. Im vorgeheizten Backofen auf der unteren Schiene 50 Minuten backen.

DAS BESTE AUS DEM FRÜHJAHRSGARTEN

Genießt ein Schnittlauchbrot mit frischer Bauernbutter, Radieschen oder mit Kräutern. So einfach und so fein!
Der QR-Code gewährt euch einen Blick in meinen Frühlingsgarten und soll Lust auf die wohltuende Gartenarbeit machen. Sie verbindet uns mit der Mutter Erde.

BETRACHTE DIE WELT
MIT KINDERAUGEN.

DER WILDE KRÄUTERAUFSTRICH

ZUTATEN:

1 Becher Frischkäse

1 Becher Quark

Salz, Pfeffer

1 Knoblauchzehe, gepresst

1 Zwiebel

2–3 Tropfen Essig

1 Handvoll Wildkräuter klein geschnitten: Giersch, Schafgarbe, Löwenzahn, Spitzwegerich …

Zum Garnieren Blüten oder Beeren der Saison verwenden.

1 Die Zwiebel und die verschiedenen Kräuter klein schneiden. Die Knoblauchzehe pressen. Mit Frischkäse und Quark vermengen und mit Salz, Pfeffer und Essig abschmecken.

2 Zum Garnieren Blüten und Beeren der Saison wie Ringelblumenblüten, Frauenmantelblüten, Gänseblümchen etc. sowie Himbeeren, Kirschen, Jostabeeren etc. verwenden.

FRAUENMANTEL – DAS FRAUENKRAUT & SYMBOL ALLER SCHUTZSUCHENDEN

Das Mittel der Wahl für alle Frauenleiden. Es fördert sogar die Muttermilch, hilft aber auch gegen zu hohes Cholesterin, ist harntreibend, magenstärkend, wundheilend, stopfend bei Durchfall, entzündungshemmend und blutreinigend. Die Pflanze ist im christlichen Glauben der Jungfrau Maria geweiht.

MUSKELTINKTUR

Ein waschechtes Wellnessprodukt aus dem heimischen Woid!

ZUTATEN:

Fichten-, Kiefer-, oder Tannennadeln

Alkohol, mind. 40 % (Wodka, Doppelkorn)

1 EL Wacholderbeeren

2 Lorbeerblätter

(Menge für ein Marmeladenglas)

Es können auch junge Maitriebe verwendet werden, das erspart das mühsame Abzupfen der Nadeln.

1 Die Nadeln vom Ast entfernen, klein schneiden und das Glas bis zur Hälfte mit Nadeln, gequetschten Wacholderbeeren und Lorbeerblättern (zum Verstärken des Geschmacks der Nadeln) befüllen.

2 Mit Alkohol so lange übergießen, bis die Pflanzenteile gut bedeckt sind.

3 Das Glas verschließen, ein paar Mal kräftig schütteln und für drei bis sechs Wochen an einen warmen Ort in die Sonne stellen. Gelegentlich schütteln und nach Ablauf der Ziehzeit über einen Kaffeefilter absieben.

4 Den Auszug in einem dunklen, dicht verschließbaren Gefäß aufbewahren.

5 Fertig ist die selbstgemachte Tinktur, die nun bei Muskel- und Gelenkschmerzen, Zerrungen und Prellungen verwendet werden kann. Nach einem langen Tag im Freien, sei es beim Jagen, Revierarbeiten, Wandern oder der Waldarbeit, werden müde Glieder wieder frisch, wenn man sie mit diesem Heilmittel einreibt.

MAIWIPFERLHONIG

Omas Maiwipferlhonig ist unser altes Hausmittel bei Erkältungen. Es fördert die Schleimentfernung aus den oberen Luftwegen.

ZUTATEN:

4 Handvoll frische Fichtenspitzen

1 Limette (unbehandelt)

Rosmarin

Thymian

Wasser

Rohrzucker

1 Die frischen Fichtenspitzen abwaschen, in einen Topf geben und mit Wasser gut bedecken.

2 Die Limetten auspressen und den Saft dazugeben.

3 Die Limettenschalen mit dem Thymian und dem Rosmarin zu den Nadeln geben.

4 Aufkochen und anschließend gut zwei Stunden bei mittlerer Temperatur ziehen lassen.

5 Über Nacht im Topf mit geschlossenem Deckel ziehen lassen.

6 Die milchige Flüssigkeit abseihen. Bei Bedarf kann sie dann auch noch durch ein sauberes Tuch gestreift werden.

7 Nun misst man den Nadelsaft ab und gibt die doppelte Menge Rohrzucker hinzu.

8 Die Flüssigkeit so lange köcheln lassen, bis ein Gelee entsteht. Immer gut rühren und noch heiß in Gläser abfüllen.

WENN EINE JÄGERIN UND EIN JÄGER
DIE JAGD VERGESSEN,

DANN IST ES

LIEBE.

JULIA & PHILIPP

SOMMER

WAS WIR VON PIPPI LANGSTRUMPF LERNEN KÖNNEN:

Wie schön ist es, einmal NICHTS zu tun und sich vom NICHTSTUN auszuruhn! Erst wenn wir zur Ruhe kommen, dann werden die Gedanken klarer. Eine gute Idee oder eine Lösung eines Problems kommt dann oft von ganz allein. Aber so können wir auch wieder Kraft und neue Energie sammeln. Ja, und wie Pippi Langstrumpf sagt:

„Faul sein ist wunderschön und dann muss man ja auch noch Zeit haben, einfach dazusitzen und vor sich hin zu schauen!"

(aus „Pippi Langstrumpf", Astrid Lindgren, † 2022)

WILDSCHWEINCURRY MIT BUTTERNOCKERLN

Rezept von Ernst Weidenbusch

ZUTATEN:

1 kg Wildschweinschopf (Nacken) oder Wildschweinschulter

Salz, Pfeffer,

Kreuzkümmel,

Cayennepfeffer,

Honig, Sherry, Rapsöl

8 getr. Marillen

4 Schalotten

Madras-Curry, scharfe Currypaste

300 ml dunkles Bier

Maisstärke oder Pfeilwurzelmehl

ZUTATEN NOCKERLN:

4 Eier

100 g Butter

Salz

200 g Mehl

1 Fleisch in ca. walnussgroße Stücke schneiden, salzen, pfeffern und in Öl rundum anbraten. Achtung: Nicht zu viel Fleisch auf einmal in die Pfanne geben! Wenn die Stücke übereinander liegen, tritt viel Saft aus – das Fleisch beginnt zu köcheln, statt dass es brät und der Saft im Fleisch bleibt.

2 Schalotten schälen. Schalotten und Marillen in Streifen schneiden und gemeinsam mit Curry, Currypaste, Kreuzkümmel, Honig und einer Prise Cayennepfeffer mit dem Fleisch verrühren. Einen kräftigen Schuss Sherry und das Bier dazugießen und alles auf kleiner Flamme ca. 1 Stunde köcheln lassen.

3 Saft mit in Wasser angerührter Maisstärke oder Pfeilwurzelmehl leicht binden.

4 Für die Nockerln Eier in Dotter und Eiweiß trennen. Butter cremig rühren, Dotter nach und nach einarbeiten. Eiklar mit einer Prise Salz zu mäßig steifem Schnee schlagen. Schnee unter die Butter-Mehl-Masse heben.

5 Mit einem Esslöffel Nockerlteig portionsweise ausstechen und mithilfe des Löffels in der hohlen Hand zu Nockerln formen. Nockerln im Wasser knapp unter dem Siedepunkt ca. 10 Minuten ziehen lassen. Eine Schaufel Eiswürfel zu den Nockerln geben, Deckel auf den Topf legen, Topf von der Hitze nehmen und die Nockerln noch ein paar Minuten im Eiswasser stehen lassen (so werden die Nockerln optimal flaumig, vorausgesetzt, der Butterabtrieb war homogen).
Auch Reis, Couscous oder Hartweizennudeln schmecken wunderbar als Beilage dazu.

Die beste Zeit für das Sammeln von Kräutern ist die Zeit morgens bis zum frühen Nachmittag. Löwenzahn reinigt das Blut, fördert die Blutbildung, hilft bei Rheuma, Krampfadern und Fettleibigkeit und auch bei Blähungen, Magen-, Darm- und Galleproblemen. Es sind die Geschenke der Schöpfung, die der Mensch dankend annehmen sollte. Wer dankt, für das, was er erhält, und dafür einem anderen etwas Gutes tut, hält die Welt im Gleichgewicht.

WIESEN-WILDKRÄUTERSUPPE

ZUTATEN:

500 g Kartoffeln

1 gelbe Rübe

1 kl. Zwiebel

1 l Wasser

1 Becher Sahne

1 EL Frischkäse

Wildkräuter

1 Das Gemüse in Würfel schneiden und mit etwas Öl andünsten. Mit Wasser aufgießen und weich köcheln lassen.

2 Die Suppe pürieren, Kräuter zugeben, kurz ziehen lassen, pürieren und mit Sahne und Frischkäse abschmecken.

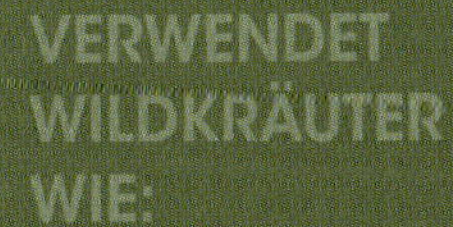

VERWENDET WILDKRÄUTER WIE:

Brennnessel, Löwenzahn, Giersch, Schafgarbe, Spitzwegerich, Wiesenbärenklau

ALLE KREATUREN GOTTES SIND WUNDERSCHÖN,
MANCHE SCHMECKEN NUR BESSER ALS ANDERE.

Jägerweisheit

GEGRILLTES WILDSCHWEINSTEAK

**Floris Leibgericht ganz nach dem Motto:
Die Kartoffeln sind mir am liebsten,
wenn sie das Schwein gefressen hat …**

ZUTATEN TEIG:

6 Steaks vom Wildschwein

1 TL Salz

1 Msp. Pfeffer

1 Zweig Rosmarin (frisch od. getrocknet)

2 Zehen Knoblauch (ganz klein geschnitten oder gepresst)

4 TL Paprikapulver

Chili nach Belieben

10 EL Olivenöl

1 Die Gewürze und das Olivenöl in eine Schüssel geben und vermengen. Das Fleisch in der Marinade ca. 2 Stunden ziehen lassen. Nehmt es vor dem Grillen oder Braten in der Pfanne rechtzeitig aus dem Kühlschrank. Es kann dann seinen Geschmack viel besser entfalten. Die Wildschweinsteaks auf dem Grill bei guter Hitze von beiden Seiten anbraten, bis sie eine schöne Farbe bekommen.

2 Alternative Zubereitung in der Pfanne: Die Steaks werden bei großer Hitze circa 4 bis 5 Minuten pro Seite in etwas Butterschmalz angebraten. Anschließend werden sie in Alufolie eingewickelt und kommen zum Ruhen noch bei 100° C in den Backofen.

UNSERE GEFÄHRTEN – DIE JAGDHUNDE

Sie begleiten uns, wann immer es möglich ist. Sie „lesen" uns und können in unsere Seelen schauen. Unsere Hunde sind Helfer in vielen jagdlichen Situationen. Sie schenken uns ihr absolutes Vertrauen und riskieren für uns ihr Leben. Oft ist es an ihnen, unnötiges Tierleid zu vermeiden. Bei einem Verkehrsunfall z. B. suchen sie für uns das meist schwer verletzte Wild, so dass es von seinem Leiden erlöst werden kann. Aber auch wenn ein Tier nicht am Anschuss selbst liegen bleibt, sind es sie, die uns sicher zum Stück geleiten. Ihre Sinne, ihre Bereitschaft, mit uns zusammenzuarbeiten, und ihre Leidenschaft sind nicht mit Geld zu bezahlen. Aber es erfordert auch viel Zeit und Arbeit, bis aus dem kleinen Welpen ein brauchbarer Jagdhund wird. Ist es aber dann einmal so weit, sind wir mit unserem Jagdgefährten mit einem unsichtbaren Band verbunden. Ein Sinn und ein Gedanke.

JAGD OHNE HUND IST SCHUND

Unsere Jagdhunde sind Spezialisten. Anhand ihrer unterschiedlichen Anlagen werden sie unterteilt in:

VORSTEHHUNDE, STÖBERHUNDE, SCHWEISSHUNDE, ERDHUNDE, JAGENDE HUNDE, APPORTIERHUNDE.

Wir Jäger müssen uns gut überlegen, welche Hunderasse für die persönlichen und jagdlichen Bedürfnisse am geeignetsten ist. Alle Hunderassen haben unterschiedliche Schwerpunkte, die durch die Zucht gesetzt wurden.

Nachfolgende Eigenschaften sollte ein Jagdhund mitbringen:

EINFÜGUNG IN DEN BESTEHENDEN SOZIALVERBAND DER JÄGERFAMILIE, FREUDE AN DER ARBEIT, RUHE UND GELASSENHEIT, LEIDENSCHAFTLICHER EINSATZ, ABSOLUTER GEHORSAM, AUSDAUER UND LEISTUNGSFÄHIGKEIT.

Ein Jagdhund lebt circa 8 bis 15 Jahre. Die Ausbildung eines Jagdhundes beginnt mit dem Einzug des kleinen Welpen in unserem Haus. Er lebt mit uns und für uns.
Der QR-Code auf der linken Seite leitet euch zu kleinen Filmsequenzen, in denen folgende 4 Prüfungsfächer einer VGP-Prüfung für Jagdhunde beschrieben werden:

DIE SCHUSSFESTIGKEIT AM WASSER
DAS ABLEGEN DES HUNDES
DIE FEDERWILDSCHLEPPE
VERLORENSUCHE IM DECKUNGSREICHEN GEWÄSSER.

Sie geben euch einen kleinen Einblick in die Vielfältigkeit des jagdlichen Einsatzes. Gerne verwenden wir beim Arbeiten mit unseren Hunden, vor allem im jagdlichen Einsatz, Ortungsgeräte. Hierzu gibt es verschiedene Fabrikate und Ausführungen. Sie werden an der Halsung angebracht. Die Hunde müssen oft selbstständig, ohne Sichtkontakt zu uns, arbeiten. Sollte der Hund einmal verloren gehen, so besteht die Möglichkeit, ihn zu orten. So ein Ortungsgerät trägt auch die Hündin Nandl in den Beispielfilmen an der Halsung.

DIE AUSBILDUNG UNSERER GEFÄHRTEN

Ganz am Anfang steht die Stubendressur. Sie beginnt bereits, wenn der kleine Welpe bei uns zu Hause einzieht. Die ersten Nächte schläft er bei uns, damit er sich nicht alleine und verlassen fühlt, nachdem man ihn aus seiner Hundefamilie geholt hat. So lernt er uns kennen. Nach der Stubendressur folgt meist im zeitigen Frühjahr eine Jugendanlageprüfung und die Vorbereitung auf die Dressurprüfung. Sie beinhaltet wichtige Gehorsamsübungen. Befehle wie:

PLATZ – das Ablegen und Liegenbleiben des Hundes auf Kommando

DOWN auf Trillerpfiff oder Handzeichen – das unumgängliche Stoppsignal, das die Notbremse bei drohender Gefahr für den Hund ist. Der Befehl ist schwer einzuarbeiten, da er absolute Unterordnung erfordert. Er ist aber oft die „Lebensversicherung" für den Hund zum Beispiel, vor dem Überqueren einer Straße.

HIER – der Rückruf des Hundes auf Pfiff oder Zuruf.

Diese Befehle gehören zum Grundgehorsam. Sie bilden die Basis jeglicher Ausbildung. Danach folgt die Vorbereitung zur Brauchbarkeitsprüfung.
Sie beinhaltet Gehorsamsfächer vor dem Schuss wie den Appell, das Verhalten am Stand, die Leinenführigkeit und die Prüfungsfächer nach dem Schuss. Hier sind es die Rotfährten, das Verlorenbringen auf der Schleppe von Hasen und Federwild sowie die Wasserarbeit.
Die sehr guten Hunde können im Anschluss die Verbandsgebrauchshundeprüfung (VGP) ablegen. Sie ist die Meisterprüfung der Jagdhunde. In dieser Prüfung muss ein umfangreiches Lernprogramm absolviert werden. Erschwerend kommt hinzu, dass bestimmte Fehler in einem Fach das Bestehen der gesamten Prüfung gefährden können.
Natürlich haben die Jagdhunderassen auch ihre spezifischen Zuchtverbände. Diese haben sich auf eine bestimmte Rasse spezialisiert und fördern durch die Zucht die speziellen Fähigkeiten einer jeden einzelnen Rasse.
Der Bayerische Landesjagdverband mit seinen Landesjagdschulen und unsere Kreisgruppen unterstützen uns bereits bei der Auswahl eines Welpen und seiner Ausbildung zum brauchbaren Jagdhund. Die Ausbildung ist eine anspruchsvolle Zeit, aber sie verbindet den Jäger und den Hund. Beide werden ein „Gespann". Je besser beide auf einander eingespielt sind, desto größer ist der jagdliche Erfolg des Teams. Unsere Hunde stehen uns immer treu zur Seite. Sie begleiten uns ihr ganzes Leben lang. Sie helfen uns bei der Jagd und sind meist unsere treuesten und loyalsten Gefährten.
Das Schonen von gesundem Wild muss ein Jagdhund lernen. Liegt es doch auch in seinen Genen, Beute zu machen. Es kann gut mit Haushühnern trainiert werden und ist eine Sache des Gehorsams. Der nachstehende QR-Code zeigt euch eine solche Übung.

SCHONEN IST DIE HOHE
KUNST DES JAGENS.
WAS PACKT EIN JÄGER EIN,
WENN MAN ZU IHM SAGT:
NIMM NUR DAS WICHTIGSTE MIT?
1. DEN HUND
2. DIE BÜCHSE
3. ???

SPIESSE VON DER ENTENBRUST UND DEM HASENRÜCKEN

ZUTATEN MARINADE:

4 EL Ketchup

250 g Coca-Cola

1 TL Worcestersauce

2 Knoblauchzehen

½ TL Dijon-Senf

Gerne auch etwas mehr, wenn man es scharf mag!

1 Die Knoblauchzehen durch die Presse drücken und in eine Schüssel geben. Dann die restlichen Zutaten dazugeben und so lange rühren, bis der meiste Schaum sich aufgelöst hat.

2 Das Fleisch sollte mindestens zwei Stunden in der Marinade im Kühlschrank liegen, oder am besten über Nacht. Für dieses Rezept empfehlen wir, die originale Coca-Cola zu verwenden, durch den Zucker wird die Oberfläche des Fleisches geschmackvoll karamellisiert.

Nehmt einfach euer Lieblingsfleisch und Gemüse: Im Handumdrehen habt ihr eine eigene Kreation! Dazu empfehle ich euch das Pflaumenchutney von Seite 77.

ZUTATEN SPIESSE:

500 g Hasenrücken

500 g Entenbrust

3 Paprika

1 Zwiebel

1 kleine Zucchini

1 Bund Rosmarin

Spieße zum Aufstecken von Fleisch und Gemüse

1 Fleisch in Würfel schneiden und marinieren. Am besten tags zuvor vorbereiten und im Kühlschrank aufbewahren. So kann die Marinade gut in das Fleisch ziehen und ihren Geschmack entfalten.

2 Das Gemüse gründlich waschen. Das Kernhaus der Paprika entfernen und in Stücke schneiden. Zwiebel schälen und in Stücke schneiden. Zucchini in Scheiben schneiden.

3 Gemüse und Fleisch abwechselnd auf Spieße oder feste Kräuterstängel, z. B. Estragon, aufstecken. Es können aber auch normale Spieße verwendet werden.

Ein Hase kann, wenn Gefahr droht, z. B. durch einen Greifvogel, kurzzeitig bis zu 70 km/h schnell laufen.

Dabei schlägt er wendige Haken und kann bis zu zwei Meter hoch springen.
Im Verhältnis zu seiner Größe ist er besser als jeder Spitzensportler!

Sein Fleisch ist besonders mager, cholesterinarm und reich an Vitaminen und Mineralstoffen.

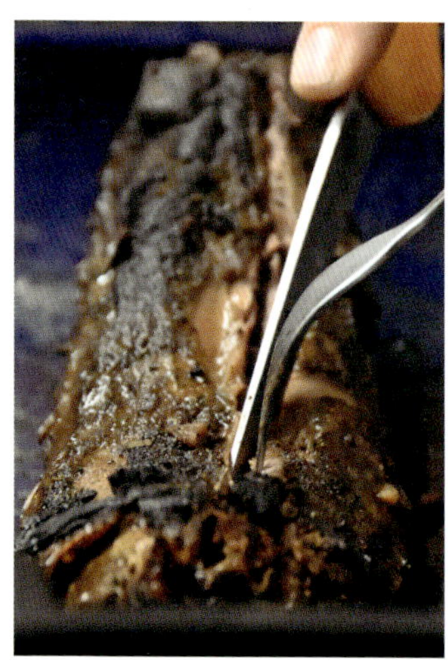

TOMS BRATEN VOM FELDHASEN

ZUTATEN:

1 Feldhase

Salz, Pfeffer

Butterschmalz oder Öl zum Anbraten

gemahlenes Wildgewürz

Mehl zum Wenden

1 Zwiebel

Suppengemüse (Lauch, Karotten, Sellerie)

besoffene Zwetschgen, s. Rezept auf Seite 163

½ l Rotwein

¼ l Wasser

Preiselbeeren

Mehl und Sahne

1 Den ausgenommenen Hasen mit Salz, Pfeffer und gemahlenem Wildgewürz kräftig einreiben. Wenn ihr keinen so großen Bräter habt, dann könnt ihr den Hasen auch in kleinere Teile zerwirken.

2 Butterschmalz oder Pflanzenöl im Bräter heiß werden lassen und die im Mehl gewendeten Hasenteile von allen Seiten scharf anbraten.

3 Zwiebel und Suppengemüse würfeln und ebenso anbraten. Wildbret zugeben, mit 500 ml Rotwein und ca. 250 ml Wasser auffüllen.

4 Fünf besoffene Zwetschgen zugeben. Zugedeckt im Rohr ca. 45 min bei 180° C schmoren lassen.

5 Danach nimmt man das Fleisch aus dem Bräter. Soße durchpassieren, Mehl mit Sahne glattrühren und Soße damit binden.

6 Nun gibt man die Preiselbeeren dazu. Die Soße mit Wildgewürz, Salz und Pfeffer abschmecken.

7 Als Beilagen eignen sich Pappardelle (s. Seite 126), Knödel oder Serviettenknödel.

Die Jägergrüße „Waidmannsheil" und „Waidmannsdank" gehören zu unserem Kulturgut. „Waidmannsheil" ist unser gegenseitiger Gruß zwischen Jäger/-innen. Nur wenn der Begrüßte auf der Jagd war und ein Stück erlegt hat, antwortet dieser statt mit „Waidmannsheil" mit „Waidmannsdank". Gegenüber einem Nichtjäger erwidern die Jäger den Gruß mit „Waidmannsdank".

WILDE BURGER-PATTIES

Für 4 Burger-Patties

ZUTATEN:

500 g Wildhackfleisch (Reh, Wildschwein, Hirsch, Ente, Graugans, Hase, Fasan, etc.

Der Fantasie sind keine Grenzen gesetzt!)

etwas Salz und Pfeffer nach Geschmack

1 Hackfleisch mit Salz und Pfeffer würzen, Patties formen und eine Stunde im Kühlschrank kalt stellen. Dann können sie in der Pfanne oder auf dem Grillrost, je nach Vorliebe, zum Garpunkt gebraten werden.

2 Jetzt ist die Zeit, WILD zu werden. Ihr könnt euren Burgerpatty mit den verrücktesten Gewürzen aufpeppen und so für ein ganz besonderes Geschmackserlebnis sorgen.

TIPP VON TOM:

Fangt einfach etwas vorsichtig an und versucht es mit einem Löffelchen Paprikapulver, oder gebt ein bisschen feines Wildgewürz dazu. Probiert Preiselbeermarmelade für ein besonderes Geschmackserlebnis, erschafft eigene Kreationen und begebt euch in eine Küchenschlacht!
Mit Chili zum Hack für einen Tex-Mex-Style-Burger, oder italienische Gewürze für einen Mediterrano.
Ihr könnt eurem Wildhack für jede ausgefallene Burgeridee einen passenden Grundgeschmack verpassen.
Bei sehr magerem Wildfleisch empfiehlt es sich, dieses mit anderem Wildbret im Verhältnis 50/50 zu mischen. Ihr könnt auch ca. 20–30% geräucherten Schweinespeck für eine interessante Geschmackskomponente dazugeben.

Die Wenigsten werden beim klassischen Wildbraten groß herumexperimentieren. Zu groß ist die Gefahr, an einem Punkt anzugelangen, an dem man nicht mehr zurück kann.
Das ist hier etwas vollkommen anderes! Hier darf ruhig variiert, herumprobiert und fantasiert werden!
Bei der Zusammenstellung des Burgers sind wiederum keine Grenzen gesetzt. Ob mit oder ohne Bacon, einem Spiegelei über dem Patty oder statt ordinärem Ketchup ein Zwiebel-Pflaumen-Rotwein-Chutney wie bei den leckeren Kerlchen auf den Fotos. Ihr könnt Mozzarella, Cheddarkäse oder Heumilch-, Berg- oder anderen Käse nach eurem Geschmack hinzufügen.

TIPP VON FLORI:

Garzeit ca. 15 Minuten. Wenn der Fisch gar ist, lässt sich die Rückenflosse sehr leicht entfernen.

WILDER ZANDER GEGRILLT

ZUTATEN:

1 Zander (ganz) ausgenommen und gut gesäubert

60 g Salz pro Liter Wasser

Wasser (so viel, um den Fisch ganz zu bedecken)

Pfeffer nach Geschmack

Paprikapulver rosenscharf, nach Geschmack

frische Rosmarinzweige (sind solche nicht vorhanden, kann auch getrockneter Rosmarin verwendet werden)

1 60 g Salz pro Liter Wasser auflösen, die Menge so anpassen, dass der Zander damit komplett bedeckt werden kann. Den Zander vor dem Einlegen in die Lake ca. alle 3 cm etwas einschneiden (s. u.) dann ca. 8–12 Stunden ziehen lassen. Aus dem Wasser nehmen und mit Küchenrolle abtupfen. Dann mit den Gewürzen der Zutatenliste beliebig würzen.

2 Anschließend legt man den Zander in eine entsprechende Fischzange und grillt ihn auf mittlerer Hitze.

WORAUF DES
MENSCHEN SINN
GERICHTET IST,
BESTIMMT SEINEN WERT.
aus Arabien

NIEDERWILDHEGE

Eine Herzensangelegenheit

Hierzu gehören Fasane und Rebhühner. In vielen Revieren bemühen sich Jäger, diese einst aus unserer Kulturlandschaft nicht wegzudenkenden Tierarten wieder anzusiedeln oder einen kleinen vorhandenen Bestand zu sichern und zu stärken. Hierzu bedarf es großer Passion, denn es sind unzählige umfangreiche Vorarbeiten nötig: Von der Verbesserung der Lebensräume bis hin zur Bestandspflege ist es ein weiter Weg. So werden Eier ausgebrütet, Küken großgezogen und ausgesetzt sowie Raubwild bekämpft. Es müssen Futterstellen angelegt und regelmäßig bestückt werden. Dabei wird oft viel Zeit und Energie verwendet. Doch der Anblick eines Gesperres, so nennen wir die Fasanhenne und deren Küken, entschädigt für alle diese Mühen. Aber auch die Freude über eine Fasan- oder Rebhuhnsichtung von Spaziergängern, die in der Natur Erholung suchen, ist dem gleichzusetzen. In dem nachfolgenden QR-Code seht ihr meine Amme, die Henne Betti, zusammen mit „ihren" Fasan-Küken.

Die Burgruine Ödenturm liegt auf einem vorspringenden Absatz des Lambergs, beherrschte das Regen- und Chambtal und riegelte den Kessel zusammen mit den Befestigungen auf dem gegenüberliegenden Galgenberg gegen Böhmen hin ab.

Ernst Hunger
Am Ödenturm 11
93413 Chammünster

SPINATKNÖDEL

Alles, was das Herz begehrt

ZUTATEN KNÖDEL:

500 g TK-Blattspinat auftauen lassen, etwas ausdrücken

160 g Tilsiter oder Bergkäse

500 g Toastbrot mit Rinde (zähe alte Semmeln eignen sich auch gut)

2 Eier

1 Zwiebel

50 g Butter

Salz, Muskatnuss

ZUM SERVIEREN:

250 g Butter für Nussbutter (braune Butter)

150 g Tilsiter oder Bergkäse gerieben zum Bestreuen der Knödel

2 EL gehackte Petersilie zum Bestreuen

1 Für den Knödelteig Toastbrot oder Semmeln in Würfel schneiden, Zwiebel fein würfeln und in 50 g Butter glasig dünsten.

2 Blattspinat und Eier im Mixbecher sehr fein pürieren.

3 Alle Zutaten in einer Schüssel gut vermengen, damit ein formbarer Knödelteig entsteht. Mit Salz und geriebener Muskatnuss abschmecken.

4 Knödel formen und im Topf mit Locheinsatz ca. 25 Minuten dämpfen. Wasser im Dämpfer leicht salzen.

5 Für die Nussbutter 250 g Butter in einem Topf erwärmen, bis die Molke (weißer Bestandteil der Butter, wenn sie flüssig wird) eine leicht hellbraune Farbe bekommt, so entsteht der leicht „nussige" Geschmack.

Durch das Dämpfen laugen die Spinatknödel nicht aus und kochen sich nicht ab, sondern behalten ihre schöne grüne Farbe. Wer keinen Dampfeinsatz hat, kann sie natürlich auch in reichlich Wasser (Knödel sollen schwimmen), leicht gesalzen sieden lassen. Hier werden sie im geschlossenen Topf gegart.

PFLAUMEN-CHUTNEY

ZUTATEN:

500 g Pflaumen ohne Kern

500 g Zwiebeln

250 g brauner Zucker

½ Fl. Merlot

200 g Einmachzucker

1 TL Senfkörner

2 Wacholderbeeren

5 Pimentkörner

etwas Salz und Pfeffer

1 Die Pflaumen halbieren. Die Zwiebeln in feine Ringe schneiden.

2 Den braunen Zucker karamellisieren und dann die Zwiebeln dazugeben, dann alles gut umrühren. Danach die Pflaumen mit dem Merlot ablöschen und das Ganze zur Hälfte reduzieren.

3 Den Einkochzucker und die Gewürze dazugeben und 15 Minuten kochen lassen.

4 Anschließend muss man nur noch alles in saubere Gläser abfüllen.

Die Brennnessel wird oft auch Eisenkraut genannt, weil sie ein gesunder und leckerer Eisenlieferant ist. Das Stück einer Brennnessel mit ca. 30 cm Länge hat einen Eisengehalt von mehr als das 50-fache eines Kopfsalats im Vergleich.

Giersch – so geschätzt er in der Volksheilkunde ist, lindert er doch Gicht und Rheuma, so unbeliebt ist er bei den Gärtnern, denn einmal angekommen, ist er einfach nicht mehr wegzubekommen …

Die Zwiebel – sie bringt uns zum Weinen, aber sie steckt voller Antioxidantien und stärkt das Immunsystem, wirkt entzündungshemmend, senkt den Blutdruck und bekämpft Bakterien.

Der hohe Anteil von Kalzium im Käse stärkt die Knochen und Zähne. Hartkäse, wie z. B. Bergkäse, liefert reichlich von diesem wertvollen Mineralstoff.

WILDKRÄUTER-QUICHE

Gesundes kann so lecker sein!

ZUTATEN:

500 g Blätterteig

300 g Zucchini

1 Zwiebel

1 Knoblauchzehe

250 g würziger Bergkäse, z. B. Via Mala gerieben

3 Eier

200 ml Sahne

3 Handvoll Wildkräuter, z. B. Beinwell, Giersch, Wiesenbärenklau …

1 Blätterteig in eine Form legen, einen Rand formen und den Boden mehrmals einstechen. Dann schneidet ihr die Wildkräuter klein. Das Gemüse wird nur grob geraspelt.

2 Nun hackt ihr die Zwiebel fein und dünstet sie in Öl an. Knoblauch, Wildkräuter und Gemüse dazugeben und mitdünsten. Anschließend gebt ihr alles auf den Blätterteig.

3 Den Ofen auf 200° C bei Ober- und Unterhitze vorheizen. Geriebenen Käse mit Sahne, Milch und Eier mischen und mit Salz und Pfeffer abschmecken, dann über das Gemüse in die Form gießen und ca. 30 Minuten backen.

EWIGKEIT

Gerne erinnere ich mich an die lebhaften Erzählungen von Klosterschwester Jubilata. Nie werde ich ihre Geschichte zur Ewigkeit vergessen. Sie nahm einen Apfel, schnitt ihn auf und entnahm einen der Kerne. Aus ihm würde wieder ein Baum wachsen, der nach Jahren, wenn er reif genug wäre, selbst Äpfel tragen würde. Diese Äpfel tragen dann bereits wieder das „neue" Leben, die Apfelkerne für die nächste Generation in sich und bilden ein Sinnbild für die Ewigkeit des Lebens.

Und so spiegelt sich diese Ewigkeit für uns Jäger in der Natur, dem Wald, unserem Wild und dem Jagdjahr wider.

Da wir oft nur zum „Beobachten" im Revier sind, nehmen wir den Wechsel der Jahreszeit und das immer neue Leben ganz besonders intensiv wahr.

Bewusst wird uns auch, dass wir alles, was wir im Leben brauchen, bereits mit unserer Entstehung geschenkt bekommen haben. Es gilt nur, diese Gaben zu fördern und zu fordern. Gerade in der Jungjägerausbildung gehen die Jäger aktiv dieser Verpflichtung nach und geben ihr Wissen an die neue Generation weiter.

APFELMAULTASCHEN „DA RES DIE IHREN“

Wenn die Äpfel zeitig werden, ist der Sommer auf seinem Höhepunkt.

ZUTATEN:

300 g Mehl

150 g Butter

125 ml heiße Milch

75 g Zimtzucker

750 g Äpfel (fertig vorbereitet)

250 ml Sahne

2 Eier

1 Prise Salz

1 Äpfel waschen, entkernen, vierteln und dann quer in dünne Scheiben schneiden. In eine Schüssel geben und mit der Hälfte des Zimtzuckers überstreuen.

2 Backofen auf 220° C vorheizen. Backreine mit 50 g Butter einfetten. 75 g Butter zerlassen, mit Mehl, Milch und Salz verkneten. 6 gleiche Teile formen, dünn ausrollen.

3 Man bestreicht die Innenseite mit zerlassener Butter und verteilt die Äpfel darauf. Nun rollt man alles ein und legt es in die Reine. Restliche Butter auf der Oberseite verteilen und für ca. 20 min ins Backrohr. In einer Schüssel Sahne, Eier und restlichen Zimtzucker schaumig schlagen. Masse über die Maultaschen gießen und ca. 15 Minuten fertig backen.

Nach einem Rezept von Toms Urgroßoma. Genauso gut schmeckt das Rezept auch mit Birnen. Wir nehmen einfach, was uns die Bäume schenken, und freuen uns darüber.

OHNE GUTE FREUNDE,
DIE ALLES MITMACHEN,
WÄRE DAS LEBEN
FURCHTBAR LANGWEILIG
UND LANGE NICHT SO
AMÜSANT.

SYLVIAS KÄSEGEBÄCK

ZUTATEN:

200 g Mehl

½ TL Backpulver

200 g Butter

2 EL saure Sahne

2 TL Salz

2 TL getrocknete Kräuter der Provence

200 g geriebener Hartkäse

1 Eigelb

1 Mehl, Backpulver, Butter, saure Sahne, Salz zu einem glatten Teig verarbeiten und mindestens 1 Stunde kalt stellen.

2 Dünn ausrollen und nach Lust und Laune mit jagdlichen Förmchen ausstechen. Mit Eigelb bestreichen, je nach Geschmack und Anlass mit Käse, grobem Salz oder Kräutern bestreuen.

3 Bei 175° C mittlerer Hitze ca. 15–20 Minuten backen.

... und so ein „Häuptling", der braucht auch ein paar Federn ...

Ebereschen haben einen wunderbaren herbsüßen Geschmack und viele Vitamine. Es heißt auch, dass sie bei Beschwerden in den Wechseljahren eine positive Wirkung haben.

Viele denken, dass Vogelbeeren giftig sind, das stimmt aber nicht! Sie können nur nicht roh genossen werden, da sie eine Säure enthalten, die Durchfall und Bauchkrämpfe auslösen kann. Durch das Einfrieren und Kochen verschwindet die Säure und damit auch das Problem. Vogelbeeren sind sehr vitaminhaltig und sehr wertvoll für die Gesundheit und gehören zu den Schätzen unserer Natur.

EBERESCHENLIKÖR

Das herbsüße Geschmackserlebnis

ZUTATEN:

Vogelbeeren ohne Rispen

Schnaps, z. B. Wodka, Grappa, Korn

Kandiszucker

Vanillezucker

1 Die gewaschenen Vogelbeeren müssen vor der Verarbeitung einige Tage eingefroren gewesen sein, damit sie bekömmlich werden. Frische Vogelbeeren verursachen Durchfall! Die Beeren in eine weithalsige Flasche füllen, bis diese halbvoll ist.

2 Schnaps in einem Topf erwärmen. Kandiszucker und Vanillezucker nach eigenem Geschmack zufügen und zergehen lassen.

3 Die Flasche mit den Vogelbeeren auffüllen und 6 Wochen an einem warmen und sonnigen Ort ziehen lassen.

EBERESCHENMARMELADE

ZUTATEN:

Vogelbeeren aus dem angesetzten Ebereschenlikör

Gelierzucker

1 Die Fruchtreste aus dem angesetzten Ebereschenlikör könnt ihr zu einer wunderbaren Marmelade verarbeiten.

2 Kocht die Früchte nach Angabe der Packungsaufschrift des verwendeten Gelierzuckers und schon seid ihr fertig!

RITUALE

Wir integrieren Rituale in unser Leben. Sie gestalten unsere Tage, Wochen und Monate. Sie lassen uns das Jagdjahr erleben, geben uns einen Anlass, Feste zu feiern und die Arbeit auch einmal ruhen zu lassen. Wenn wir unsere Kinder verabschieden, geben wir ihnen einen Kuss auf die Stirn. Sie wissen dann auch ohne Worte, dass wir sie lieb haben.
Wir drücken mit unserem TUN aus, was uns wichtig ist. Wir leben sie, unsere Rituale, und geben sie unseren Kindern und Kindeskindern weiter. So bekommen sie das notwendige Rüstzeug für ihr Leben. Sie lernen, dass die Gemeinschaft sie trägt, und sind später auch bereit, sich für diese Gemeinschaft einzusetzen.

IN DIR MUSS BRENNEN, WAS DU IN ANDEREN ENTZÜNDEN WILLST.

AUGUSTINUS

ÜBERBACKENE WILDGENUSS-BRÖTCHEN

ZUTATEN:

2 Baguettes

2 große Handvoll Kräuter (Blätter von der Brennnessel, Wiesen-Bärenklau, Labkraut, Löwenzahn, Vogelmiere, Schafgarbe)

1 EL Butter

2–3 EL Gemüsebrühe

50 ml Sahne

1 Becher Schmand

300 g würziger Bergkäse, fein gerieben

1–2 Eier

5 EL Dinkelvollkornmehl

Muskatnuss, Salz, Pfeffer

1 Zwiebel

20 g Butter

1 rote und 1 gelbe Paprika

200 g klein geschnittener Schinken

1 Ihr gebt die Butter in einen Topf und versetzt sie mit Brühe. Die Kräuter grob schneiden und kurz knackig andünsten.

2 Dann schneidet ihr die Zwiebel und die Paprika klein. Die Zwiebel anrösten, Paprika und Schinken zugeben und leicht mitrösten, etwas auskühlen lassen.

3 Ihr verrührt die Sahne, den Schmand, die Eier, das Vollkornmehl und den Käse zu einer dicken Soße.

4 Dann gebt ihr die Kräuter, Zwiebel, Paprika und Schinken dazu. Baguettes in Scheiben schneiden, Belag auftragen und bei 200° C circa 20 Minuten goldbraun backen.

5 Als Beilage passt ein bunter Wildkräutersalat.

DER HERBST IST IMMER
UNSERE BESTE ZEIT.
Johann Wolfgang von Goethe

HERBST

JAGDKÖNIGIN 2017– 2022
LISA MÜLLER

Hier dürfen wir euch Lisas Regionalprojekt vorstellen:

AUS DER RHÖN, IN DIE TÖPF`: REGIONAL – LECKER – VIELFÄLTIG

ist das GenussKörble aus Maria Bildhausen.

Gemeinsam mit der KlosterManufaktur in Maria Bildhausen bewegt sie etwas in ihrer Region und füllt die Töpfe mit bestem BIO-Gemüse und Salat.
So geht's: Die Kunden lassen ihren Euro in der Region und kaufen ihr Gemüse beim GenussKörble. Das Beste: Es wird direkt zum Arbeitsplatz oder an eine Abholstation der Wahl gebracht – und das alle zwei Wochen. Dabei wird ein tolles Inklusionsprojekt unterstützt – so schmeckt das BIO-Gemüse gleich noch besser. Aktuell werden die Regionen Bad Neustadt an der Saale und Mellrichstadt beliefert. Die KlosterManufaktur in Maria Bildhausen baut das Gemüse im Klostergarten an. Der Kunde muss nur noch kochen und genießen. Ganz nebenbei schützt er dabei auch noch die Umwelt. Denn wer braucht schon das Gemüse aus Chile oder Spanien, wenn die leckersten BIO-Früchte direkt vor unserer Haustür wachsen?

WILDES VITELLO TONNATO

Das Vitello Tonnato gehört zu den beliebtesten italienischen Gerichten, die wir gerne als kalte Vorspeise bestellen. Traditionell wird sie aus Kalbsfleisch zubereitet, die wilde Variante z. B. mit Fleisch vom Frischling steht diesem aber in nichts nach. Ob als Vorspeise zum sommerlichen Grillen oder auch als Hauptgang, der etwas größere zeitliche Aufwand für dieses Gericht lohnt sich definitiv.

Hinweis: Wer es als Hauptspeise zubereitet, sollte die doppelte Menge der Zutaten verwenden.

Ich wünsche viel Spaß beim Nachkochen und guten Appetit!

lisas.huntingpassion

Besucht unsere Lisa auf ihrem Insta-Account und lasst euch inspirieren.

Mit getoastetem Baguette, verfeinert durch Olivenöl und frischen Knoblauch

ZUTATEN SUD:

500 g Wildbret aus der Keule (z.B. Oberschale Wildschwein)

2 Karotten

1 Lauch

¼ Knollensellerie

4 Lorbeerblätter

3 Gewürznelken

3 Wacholderbeeren

2 Pimentkörner

1 l Weißwein, trocken

Salz

Pfeffer

ZUTATEN SAUCE:

150 g Tunfisch in Öl

4 Sardellenfilets

50 g Gewürzgurken

50 g Kapern

2 EL Mayonnaise

1 TL Zitronensaft

Salz, Pfeffer

1 Das Fleisch und der Sud werden am Vorabend vorbereitet. Dazu das Gemüse waschen, ggf. schälen und in Stücke schneiden. Das Fleisch sauber parieren und mit allen Gewürzen in einen großen Topf geben. Den Wein dazugeben und zugedeckt über Nacht stehen lassen.

2 Am nächsten Tag das Fleisch in einen kleinen Topf geben, ggf. mit etwas Garn oder einem Bratennetz festbinden, so hält es besser die Form. In einem anderen Topf den Sud (nur die Flüssigkeit ohne Gemüse und Gewürze) aufkochen und über das Fleisch gießen, so dass es mit Flüssigkeit bedeckt ist. Ggf. mit etwas Gemüsebrühe auffüllen. Bei niedriger Temperatur circa 1,5 Stunden sieden lassen, bis das Fleisch gar ist, anschließend im Sud abkühlen lassen.

3 Für die Sauce den Thunfisch, die Sardellen, die Gewürzgurken sowie die Kapern ganz fein hacken. Die Mayonnaise und den Zitronensaft verrühren und alle Zutaten mischen. Für eine feinere Sauce kann der Pürierstab verwendet werden. Ggf. mit ein paar Esslöffeln kaltem Sud vermischen, so wird die Sauce flüssiger. Mit Salz und Pfeffer abschmecken. Bis zum Servieren im Kühlschrank lagern.

4 Das abgekühlte Fleisch wird mit einem sehr scharfen Messer in dünne Scheiben geschnitten, mit der Sauce und Kapern garniert.

HERBSTLICHE SCHWAMMERLBRÜHE MIT SCHNEEBALLKNÖDELN

ZUTATEN:

800 g gemischte Schwammerl

40 g Butter

50 g Mehl

1–2 Zwiebeln

½ l Wasser

Salz, Pfeffer

½ TL Kümmel

1 TL Koriander

etwas Essig

Sahne

1 EL Petersilie

1 Prise Zucker

1 Die Pilze (Eierschwammerl, Rotkappen, Steinpilze, Maronen, Birkenpilze usw.) putzen und in Scheiben schneiden.

2 Die Butter zerlassen und die Zwiebel darin glasig andünsten. Das Mehl dazugeben und verrühren. Mit etwas Wasser ablöschen und nach und nach vermischen. Das restliche Wasser mit den vorbereiteten Pilzen zugeben.

3 Das Gericht mit Salz, Pfeffer, Kümmel, Koriander und etwas Essig und Sahne abschmecken. Nach Belieben etwas Suppengewürz dazugeben und mit einer Prise Zucker abrunden.

SCHNEEBALLKNÖDEL

ZUTATEN:

500 g mehligkochende Kartoffeln

2–3 weiche Semmeln

100 g Butter

1 große Zwiebel

1 Ei

Salz, Pfeffer

1 Kartoffeln schälen, kochen, abgießen, heiß durch die Kartoffelpresse drücken. Salzen und pfeffern.

2 Die Semmeln fein schneiden; Zwiebel in der Butter anrösten und über die Semmeln geben und fest verkneten.

3 Das Ei, die Kartoffelmasse und die Semmel-Zwiebel-masse zu einem festen Teig verarbeiten. Knödel formen, in eine gefettete Bratreine setzen und bei 180° C ca. 1 Stunde goldgelb braten.

TIPP:

Getrocknete Schwammerl haben ein sehr intensives Pilzaroma. Wenn möglich, ersetzen Sie einen Teil der frischen Schwammerl, und die Brühe bekommt dann einen wunderbaren Duft!

DAS GEBET DES WILDES

Kommst du als Mensch in dies Revier, vergiss uns nicht, wir leben hier. Sind froh und dankbar, so wie du, gibt man uns Frieden und auch Ruh. Wir bitten dich, sei drauf bedacht, dir sei der Tag – lass uns die Nacht. Drum, wenn die Sonne geht zur Ruh, verlasse diesen Wald auch du. Sei morgens nicht zu zeitig hier, sonst störst du uns und das Revier. Von der Dämmerung bis hin zum Morgen müssen wir für Äsung sorgen. Gar eng ist unser Paradies, das uns die Technik übrigließ. Bleib auf den großen Wegen nur, du bist nur Gast in der Natur. Hast du Hunde mit dabei, leine sie an, lass sie nicht frei.

Für deine Rücksicht danken wir:
Das Wild aus diesem Waldrevier!

FLORIS CORDON BLEU VOM WILDSCHWEIN

Rezept für 2 Personen

ZUTATEN:

300 g Wildschwein-oberschale

Salz

Pfeffer

100 g Käse vom Biomilch-Hof Berl (für Käse-Liebhaber empfehlen wir den „Taler"; wer den Käse milder mag, der nimmt den Bugl Kas)

150 g Mehl

150 g Semmelbrösel

1 Ei

2 EL Schlagsahne

2 Scheiben Koch-schinken

3 EL Butterschmalz

1 Schnitzel mit einem Plattiereisen dünn plattieren. Mit Salz und Pfeffer würzen.

2 Den Käse in zwei längliche Stücke schneiden und in je einer Scheibe Schinken „verpacken". Die Käse-Schinken-Päckchen auf die Schnitzel legen, diese umklappen und mit je 2–3 Holz- oder Rouladenspießen verschließen.

3 Mehl, Semmelbrösel und Ei getrennt in je eine tiefe Schüssel geben. Sahne zum Ei geben, salzen, pfeffern und mit einer Gabel verquirlen.

4 Das gefüllte Fleisch im Mehl wenden, überschüssiges Mehl abklopfen. Anschließend durch die Eiersahne ziehen und in den Semmelbröseln wenden. Überschüssige Brösel abklopfen.

5 Butterschmalz in einer Pfanne erhitzen. Die panierten Schnitzel bei mittlerer Hitze auf jeder Seite 8–10 Min. goldbraun braten. Vor dem Anrichten auf Küchenpapier kurz abtropfen lassen.

6 Als Beilage kann ich euch Bratkartoffeln und einen unserer leckeren Dips empfehlen.

UNSERE HEUMILCH-PRODUKTE: NATUR, DIE MAN SCHMECKT!

NATUR PUR IM EINKLANG MIT DEN JAHRESZEITEN

Unsere Heumilchkühe dürfen von Mai bis Oktober auf die hofeigenen Weiden, wo sie neben klarem Wasser und frischer Luft eine Vielzahl an Kräutern genießen. Der Pflanzenreichtum macht das Futter für unsere Kühe besonders schmackhaft. Das schmeckt man auch in unserer Milch! Unsere Kühe fressen im Sommer frische Gräser und Kräuter, im Winter sonnengetrocknetes Heu. Zusätzlich verzichten wir bei der Fütterung unserer Kühe auf Gärfuttermittel, was unsere leckere Heumilch ausmacht.

GESCHMACK UND ABWECHSLUNG DURCH DIE VIELFALT DER PFLANZEN

Das ist der Grund für die hohe Qualität unserer Heumilch.

Berl's Biomilchhof
regionale und super leckere Produkte im Hofladen

Thanhof 1
94347 Ascha

DIE TREIBJAGD von Kerstin Wagner

Als Jungjägerin ist es ein besonderes Erlebnis, bei einer Treibjagd Teil der Jägerschaft zu sein. So durfte ich meinen Vater auf Einladung eines Jagdfreundes begleiten.
Aufregend war es, und die Jagd begann bereits am Vortag. Wie wird das Wetter, welche Kleidung benötige ich, ist die Flinte bereit, die Munition ausreichend und ist alles für den Hund bereit? Der Tag bricht an, 9:00 Uhr morgens, über Nacht ist der erste Schnee früh im Jahr gefallen. Wir treffen uns am Sammelplatz. Man begrüßt sich mit Handschlag, der Jagdleiter erteilt die Sicherheitseinweisung, prüft die Jagdscheine. Erst als die Jagdhörner ertönen und „Aufbruch zur Jagd" verheißen, machen wir uns auf, um Fuchs, Hase, Fasangockel, Eichelhäher, Krähe und Elstern zur Strecke zu bringen. Mit einem „Waidmannsheil" geht jeder zu seinem Ansteller. Die beiden Jägergruppen und die Treibertruppe machen sich auf, um den Tag mit Jagderfolg zu krönen.
Der kalte Wind spielt mit den Grashalmen, die der Schneedecke trotzen, an diesem verschneiten Tag Ende Oktober. Der Schnee glitzert durch die Sonnenstrahlen, die durch die graue Wolkendecke blitzen. Immer wieder macht sich die Sonne auf, die Wolken zu vertreiben. Das Treiben wird umstellt, aufgeregt warte ich, was da kommt.
Da stehe ich nun an einem kleinen Gehölz mit Birken, Fichten und Gebüsch, an meiner Seite meine treue Begleitung Betty, eine Wachtelhündin. Neben mir, mit gebührendem Abstand, mein Nachbarschütze, mit einem Handzeichen mache ich mich bemerkbar, und er tut es mir gleich. Noch ist es ruhig.
Ein Signal ertönt, das Treiben beginnt. Hunde und Treiber setzen das Wild in Bewegung. Was wird kommen? Der Kugelfang und der sichere Bereich sind mir klar. Der Puls steigt, „Hub" höre ich von links und gebe das Signal weiter, „Hub", immer wieder „Hub" höre ich, nun darf geschossen werden. Ich „schnalle" (so sagen wir Jäger zum Losschicken des Hundes) Betty und schicke sie per Handzeichen ins Gehölz.
Ich höre die Treiber, wie sie rufen und mit Stöcken klopfen. Es fällt ein Schuss und gleich noch mal zwei, die Spannung in mir steigt weiter. Plötzlich fliegt ein Fasangockel zwischen mir und meinen Nachbarschützen auf. Er muss erst an uns vorbei, denke ich, und da lege ich schon an. Ein Donnern ertönt und beim zweiten Knall aus meiner Flinte geht der Vogel nieder.

Das Treiben ist beendet, aber wo ist Betty? Nun, dann ist es halt an mir, die Beute an mich zu nehmen. Ehrfürchtig nehme ich den Fasan auf und schon kommt Betty. „Waidmannsheil" ruft man mir zu, und stolz bringe ich das Stück zur Jagdstrecke. Weitere Treiben folgen, bis deutlich nach der Mittagszeit hinaus, dann heißt es „Hahn in Ruh". Fuchs und Fasan werden von den Jagdhornbläsern verblasen, um das Wild zu ehren. Erst dann geht es zum Schüsseltreiben, um sich zu stärken. Mit ein bisschen Jägerlatein beenden wir diesen unvergesslichen Tag. Und wenn morgens die Sonne durch die Wolken spitzt und der Schnee im Sonnenstrahl glitzert, denke ich an diesen Tag, und es kommt die Freude über weitere künftige Jagderlebnisse.

AUF ZUM SCHIESSSTAND!

Regelmäßiges Schießtraining bildet eine wichtige Basis für den sicheren Umgang mit der Waffe! Es gilt: Ist der Schuss erst einmal aus dem Lauf, hält ihn auch der Teufel nicht mehr auf.

WILDUNFÄLLE

Die Tage im Herbst werden kürzer und damit nehmen die Wegstrecken, die wir mit dem PKW bei schlechter Sicht oder in der Dunkelheit zurücklegen, zu. Es besteht eine erhöhte Gefahr von Wildunfällen. Aber auch im Hochsommer, wenn die „Liebe" den Rehbock „blind" macht, ist eine besonders gefährliche Zeit.

ABER WAS IST ZU TUN, WENN ES PLÖTZLICH ZU EINEM UNFALL KOMMT?

Vorsicht, oft sind die Tiere nicht alleine unterwegs. Meist kommen nachfolgende Tiere, die die Straßenseite wechseln.
Kontrolliert anhalten und die Ruhe bewahren!
Unfallstelle sichern. Warnblinkanlage einschalten, Warnweste anlegen. Wenn nötig, die Rettung unter dem Notruf 112 verständigen, erste Hilfe leisten.
Tote Tiere von der Fahrbahn entfernen (Handschuhe!). Verletzte Tiere nicht anfassen. Polizei-Notruf 110 oder, wenn bekannt, den Jäger verständigen. Unfall bestätigen lassen für die Versicherung!
Beachtet bitte immer den Tierschutz. Selbst wenn kein sichtbarer Schaden entstanden ist. Markiert die Unfallstelle am Fahrbahnrand (evtl. mit einem Taschentuch, dem Warndreieck, oder mit einem Stück Kreide), damit wir Jäger das geflüchtete Wild mit unseren Hunden nachsuchen können.

Aus Kürbis lassen sich nicht nur leckere Gerichte zaubern. Seine heilsame Wirkung stärkt die Blase, die Prostata und vertreibt Entzündungen.

WILDER HOKKAIDO

ZUTATEN:

1,5 kg Hokkaido

500 g Wildhackfleisch, z. B. Wildschwein

1 Stange Lauch

1 Zwiebel

1 Knoblauchzehe

2 EL Tomatenmark

100 g Crème fraîche

100 ml Sahne

Käse gerieben, Emmentaler oder Gouda, alternativ gewürfelter Feta

Salz, Pfeffer, Muskat

Sonnenblumenöl

1 Angetautes Wildbret (frei von Sehnen und Knochen) in der Küchenmaschine oder im Fleischwolf zu Hackfleisch verarbeiten.

2 Den Kürbis waschen, den Deckel abschneiden und das Fruchtfleisch sowie die Kerne mit einem Löffel ausschaben. Etwa 2 cm Rand lassen. Kürbis mit Deckel 15 Minuten lang bei 180° C im Ofen garen.

3 Lauch waschen und in feine Ringe schneiden. Zwiebeln und Knoblauch schälen und klein schneiden. Das Fruchtfleisch würfeln

4 Öl in einer Pfanne erhitzen, Zwiebeln, Lauch und Knoblauch darin anbraten. Das Hackfleisch und die Kürbiswürfel hinzugeben und ebenfalls anbraten.

5 Tomatenmark, Crème fraîche und Sahne unterrühren. Mit Salz, Pfeffer und Muskat würzen.

6 Den Kürbis aus dem Ofen nehmen und die Hackfleischmasse hineinfüllen. Anschließend mit Käse bestreuen. Es kann statt geriebenem Käse auch gewürfelter Feta verwendet werden. Einfach nach Belieben beim Füllen in den Kürbis geben.

7 Den Deckel wieder aufsetzen und den gefüllten Kürbis weitere 30 Minuten im Backofen garen.

Frei nach Wilhelm Busch:

DES SCHWEINES ENDE IST DER WURST ANFANG.

WILDBRATWÜRSTE

Fein, grob ... wie es das Herz begehrt!

ZUTATEN:

½ kg Schweinespeck

1 kg Wildfleisch (Reh, Schwein, Rotwild etc.)

Kochsalz 22 g/kg

Phosphat 4 g/kg

Pfeffer 1 g/kg

Brühwurstmischung 4 g/kg

Eiswürfel

Zitrone und Majoran nach Geschmack

Macht immer erst ein Probewürstchen. So kann man leicht noch etwas am Geschmack nachbessern.

Ihr benötigt immer:
1 Teil Wildfleisch und ½ Teil Schweinespeck.
Durch die Umrechnung könnt ihr auch einmal eine kleine Portion mit dem Thermomix machen.

1 Schweinespeck fein kuttern, bis er lauwarm und sehr fein ist. Speck aus dem Kutter nehmen.

2 Mageres Wildfleisch ebenfalls kuttern, aber bei einer Temperatur von maximal 12 Grad. Die Hälfte der Eiswürfel hinzugeben.

3 Alle Gewürze zugeben und den Kutter weiterlaufen lassen, bis die Temperatur wieder bei 12° C liegt.
Die restlichen Eiswürfel zugeben und anschließend den bereits zerkleinerten Schweinespeck.

4 Alles gut vermischen lassen.
Für grobe Bratwürste das Fleisch nicht so fein kuttern.
Diese könnt ihr auch etwas würziger machen.
Die Würste müssen 30 Minuten bei 65° C brühen.
Ihr könnt sie dann auch einfrieren.

DAS BENTHEIMER LANDSCHWEIN

Das Bunte Bentheimer Schwein (oder Bentheimer Landschwein) ist eine Schweinerasse aus der Grafschaft Bentheim und dem Emsland. Das Bunte Bentheimer Schwein ist vom Aussterben bedroht. Heutzutage gewinnt diese Rasse vermehrt an Bedeutung, da sie, im Gegensatz zu den hochgezüchteten Schweinen, durch eine bessere Fleischqualität gekennzeichnet ist. Der Speckanteil ist verhältnismäßig hoch, das Fleisch selbst weist einen hohen intramuskulären Fettanteil auf, was sich positiv auf die sensorischen Qualitäten des Fleisches auswirkt (Geschmack, Aussehen, Brateigenschaften).

Die regionale Alternative zum Wildschwein.

Oldamer Hof
Stautner Alois
Schäferei 28
93449 Waldmünchen
Telefon 09972 4166

Das Bunte Bentheimer Schwein hat über den ganzen Körper verteilt größere schwarze Flecken, ist frühreif und fruchtbar. Unsere Schweine sind reinrassige Herdbuchtiere. Wir sind Mitglied des Zuchtverbands und des Vereins zur Erhaltung des Bunten Bentheimer Schweines. Fütterung: mit Gerste und Hafer aus eigenem Anbau sowie Kartoffeln und Erbsen aus der Region. Unsere Schlachttiere werden artgerecht im Freiland/Weideland gehalten mit eingestreuter Schlafhütte. Auch die Muttertiere haben ausreichend Platz im Freiland/Weideland. Zum Abferkeln und zur Ferkelaufzucht steht ihnen eine eingestreute Hütte und den Ferkeln eine Wärmelampe zur Verfügung.

BRIGITTE BERGHAMMER-HUNGER
VOM GASTHAUS „AM ÖDENTURM"
MIT „IHREM JÄGER"

REH-CHILI

ZUTATEN WILDGEWÜRZ:

20 g Pfefferkörner

40 g Pimentkörner

20 g Wacholderkörner

10 g Kümmel

50 g Korianderkörner

ZUTATEN CHILI:

1 große Zwiebel

500 g Rehhackfleisch (Schulter/Hals/Bauch)

4 EL Öl

50 g Tomatenmark

3 EL Balsamicoessig

¼ l Rotwein

7 g Salz

½ Chili je nach Schärfe oder Vorliebe

15 g Wildgewürz

900 ml Wildfond (es geht auch mit Wasser)

Schalenabrieb von einer ½ Orange

ZUM ANRICHTEN:

4 EL Schmand

Salz

Zitronensaft

2 EL gehackte Petersilie

1 EL in Streifen geschn. Pfefferminze

Dazu gibt es die Pappardelle von Seite 126 oder ihr esst ganz einfach ein gutes Brot als Beilage.

Vom Reh, Wildschwein, Damwild oder Hirsch

1 Alle Gewürze in einer Pfanne erwärmen, bis sie ihre ätherischen Öle entfalten. Vom Herd nehmen und auskühlen lassen. Die kalte Gewürzmischung in einem Mixer nur grob zerkleinern.

2 Zwiebel schälen und fein würfeln. In einem weiten Topf Rehhack in Öl bei starker Hitze krümelig anbraten, bis die gesamte Flüssigkeit verkocht ist (ist der Topf zu schmal, kocht das Hack und brät nicht an). Zwiebel dazugeben und kurz mitbraten. Tomatenmark unterrühren und anschwitzen, bis es dunkelrot ist und nicht mehr tomatenrot.

3 Danach löscht man alles mit einem guten Rotwein ab und lässt es einreduzieren. Wildgewürz zugeben und mit Wasser (oder Fond) auffüllen. Zugedeckt ca. 30 Min. leicht köcheln lassen. Wenn das Fleisch weich ist, noch 10 Minuten ohne Deckel köcheln und die Flüssigkeit etwas einreduzieren lassen. Abschmecken. Wenn es noch zu dünnflüssig ist, 5 g Mondamin mit 1 EL kaltem Wasser glattrühren und unter das kochende Chili mit dem Schneebesen mischen (in der Regel nicht notwendig).

4 Schmand mit etwas Salz und Zitronensaft verfeinern und abschmecken.

HECHTNOCKERL IM BETT MIT ZITRONEN-DILL-SOSSE

Da kann niemand widerstehen!

ZUTATEN SOSSE:

1 Schalotte

Rapsöl

100 ml Weißwein

250 ml Gemüsebrühe

350 ml Sahne

1 gehäufter TL Mehl

50 ml Milch

Salz, Pfeffer

2 TL Zitronensaft

1 EL Dill

1 Die Schalotte fein würfeln und in Rapsöl anschwitzen, bis die Würfel glasig sind.

2 Mit Weißwein ablöschen und einige Minuten köcheln lassen, bis der Wein gut eingekocht ist. Gemüsebrühe und Sahne dazugeben.

3 Das Mehl in einer Tasse mit der Milch glattrühren und unter ständigem Rühren in die Sauce mit dem Schneebesen einrühren. Die Sauce etwas köcheln lassen. Anschließend mit dem Zauberstab gründlich pürieren.

4 Mit Salz und Pfeffer würzen. Zum Schluss den Zitronensaft und den klein geschnittenen Dill unterrühren.

Für 8 Nockerl

ZUTATEN NOCKERL:

300 g Hecht entgrätet und enthäutet

100 g Sahne

1 Eiweiß

50 g Butter

Salz, Pfeffer

½ TL Gemüsebrühe

3 TL frische Kräuter wie Kerbel, Zitronenmelisse

400 g mehligkochende Kartoffeln

1 Das Hechtfleisch in einen Gefrierbeutel geben und mit der Sahne für 15 Minuten einfrieren. Das gekühlte Hechtfleisch mit der Sahne, Eiweiß, Butter, Salz, Pfeffer und der Gemüsebrühe mit dem Pürierstab pürieren. Die Kräuter schneiden und zum Schluss unterarbeiten. Mit zwei Esslöffeln Nockerl formen, in das siedende Salzwasser geben und 6–7 Minuten ziehen lassen.

2 Die Kartoffeln schälen und in Salzwasser kochen. Das Wasser abgießen, dann die Kartoffeln ausdampfen lassen.

3 Dann gibt man die gekochten Kartoffeln in eine Kartoffelpresse und presst sie direkt auf den Teller. Mit der Zitronen-Dill-Soße übergießen.

HUBERTUSMESSE

Wenn uns die Legende vom hl. Hubertus berichtet, dass ihm in einer Zeit, als keinerlei Vorschriften und Gesetze die Jagd regelten und den Tieren unmäßig nachgestellt wurde, bei der Verfolgung eines Wildtieres der Erlöser erschienen sei und er hierauf der Jagd abgeschworen habe, dann erkennen wir sehr leicht, worum es dem Autoren bei der Erzählung ging: Es soll verdeutlicht werden, dass alles Streben nach Macht, Genuss, Erfolg und Reichtum nicht das wirkliche Leben des Menschen ausmacht, sondern an seinen eigentlichen Aufgaben vorbeigeht. Jagen, das tun wir heute alle, jeden Tag, jede Stunde. Der eine jagt einer guten Stellung nach, der andere dem Vordermann auf der Autobahn. Der eine dem großen Lottogewinn, der andere der sportlichen Höchstleistung. Jeder von uns jagt nach irgendeinem anderen Ziel, und kaum ist es erreicht, hat man schon wieder ein anderes vor Augen. Unsere Welt ist eine Kampfarena geworden, in der jeder möglichst als Erster, Bester durchs Ziel kommen möchte. Kein Jahrhundert, ja kaum ein Jahrzehnt, hat so viel Ehrgeiz, Macht- und Gestaltungshunger, aber auch Angst, Not und Verzweiflung erzeugt wie das unsere. Hier setzt die Hubertus-Mahnung ein. Hier kommt die Mahnung zur Umkehr, zum Einhalt. Hier steht das große Stopp-Schild vor unser aller Augen, in unser aller Leben, und hier könnte der Erlöser einem jeden von uns im Geweih seiner „Jagdtrophäe" erscheinen. Wir Jäger kommen alljährlich in den Kirchen zusammen, um an diesem Tage unseres Schutzpatrons zu gedenken. Dann erleben wir auch, wie unsere Vorfahren seit Jahrhunderten, zwischen jagdlichem Tun und christlichem Gedankengut die Einheit von menschlichen Aktivitäten und gottgewollter Verantwortung.

Hl. Hubertus, von Wilhelm Räuber, wikipedia

„OHNE JÄGER KEIN WILD"

Diese Aussage der Jägerschaft wird heute von manch einem ebenso angezweifelt wie unser Bemühen um die Erhaltung eines für alle Lebewesen intakten Lebensraumes. Wenn Jagd lediglich Befriedigung menschlicher Tötungsgier wäre, wie Jagdgegner behaupten, gäbe es in unseren Wäldern und Fluren längst keine freilebende Kreatur mehr. Unsere Aufgaben und Ziele sind gerade in der heutigen Zeit die Pflege, Erhaltung und nachhaltige Nutzung eines von der Natur hervorgebrachten Lebewesens, dessen Lebensraum unserer Verantwortung ebenso unterliegt wie unser eigener. Den zugedachten Raum im gesamten Naturgefüge unserer Erde zu bewahren, ist eine unserer vornehmsten Aufgaben. In diesem Sinne verstehen wir Jagd und insofern ist der Hubertusgedanke Leitmotiv unseres Handelns.

Quelle: Deutscher Jagdschutzverband

ROSENBLÄTTER

Die ätherischen Blätter der Rosenblüten wirken sich wohltuend auf die Psyche aus. Sie sind insbesondere reich an Antioxidantien und so ein wirksames Mittel gegen eine Vielzahl von Krankheiten.

KAMILLE

Sie darf in keinem Haushalt fehlen. Sie hilft bei Magen- und Darmbeschwerden und ist entzündungshemmend. Ihre beruhigende Wirkung hat auch so manch einen in den Schlaf gewiegt. Gerne wird sie auch als Tee verwendet.

KAPUZINERKRESSE

Das Antibiotikum aus der grünen Apotheke. Ihre Senföle erreichen die Haut, die Lunge und auch die Harnblase und stellen eine gute Hilfe gegen unliebsame Bakterien dar.

BLÜTENBUTTER

So bunt wie der Herbst

ZUTATEN:

150 g Butter

Salz

1 Knoblauchzehe

Wildkräuterblütenblätter von Ringelblumen, Kapuzinerkresse, Borretsch …

1 Ihr rührt die Butter mit etwas Salz und einer gepressten Knoblauchzehe cremig. Dann werden die Blütenblätter ausgezupft und unter die Butter gerührt.

2 Auf Brote streichen, Häppchen schneiden und ausgarnieren.

3 Die fertige Butter lässt sich auch gut einfrieren und kann dann triste Novembertage verschönern.

SUPPENWÜRZE

Meist als „Maggi" bekannt

ZUTATEN:

1 kleiner Sellerie mit Selleriegrün

2 Karotten, 1 Pastinake

1 Bund Liebstöckel

3 EL mittelgrobes Meersalz

100 ml gutes Olivenöl

Pfeffer

1 Gemüse und Selleriegrün waschen. Das Selleriegrün etwas zerkleinern. Anschließend raspelt ihr das Gemüse mit der groben Käsereibe. Danach gebt ihr das geraspelte Gemüse, Selleriegrün, Salz, den frisch gemahlenen Pfeffer sowie das Olivenöl in den Küchenmixer und püriert alles.

2 Nun könnt ihr die fertige Suppenwürze in Gläser abfüllen. Mit etwas Olivenöl aufgießen, bis alles gut bedeckt ist. Die Gläser lassen sich gut einfrieren, und so könnt ihr euch leicht einen Wintervorrat anlegen. Einmal geöffnet, ist die Würze im Kühlschrank mehrere Wochen haltbar. Im Winter eignet sie sich auch gut für das Salatdressing.

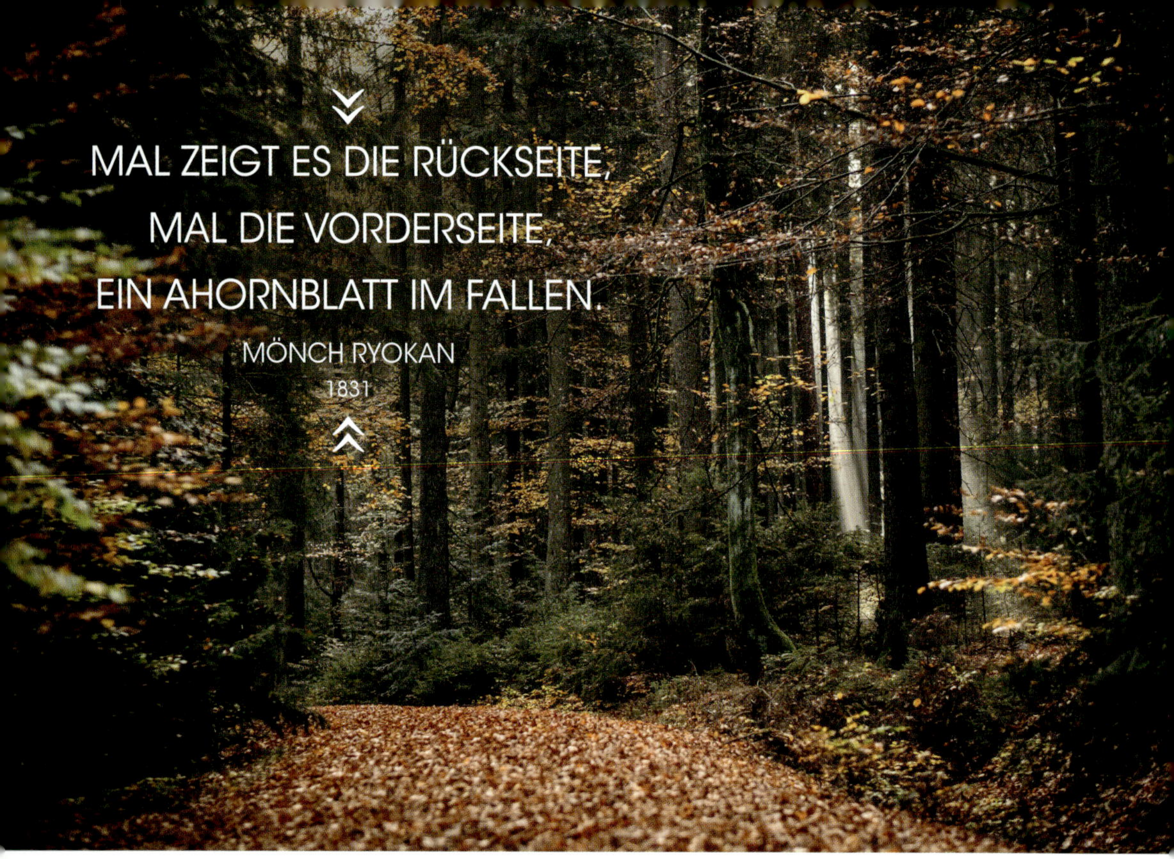
MAL ZEIGT ES DIE RÜCKSEITE,
MAL DIE VORDERSEITE,
EIN AHORNBLATT IM FALLEN.
MÖNCH RYOKAN
1831

WER DEN TOD KENNT,
WEISS UM DEN WERT DES
LEBENS!

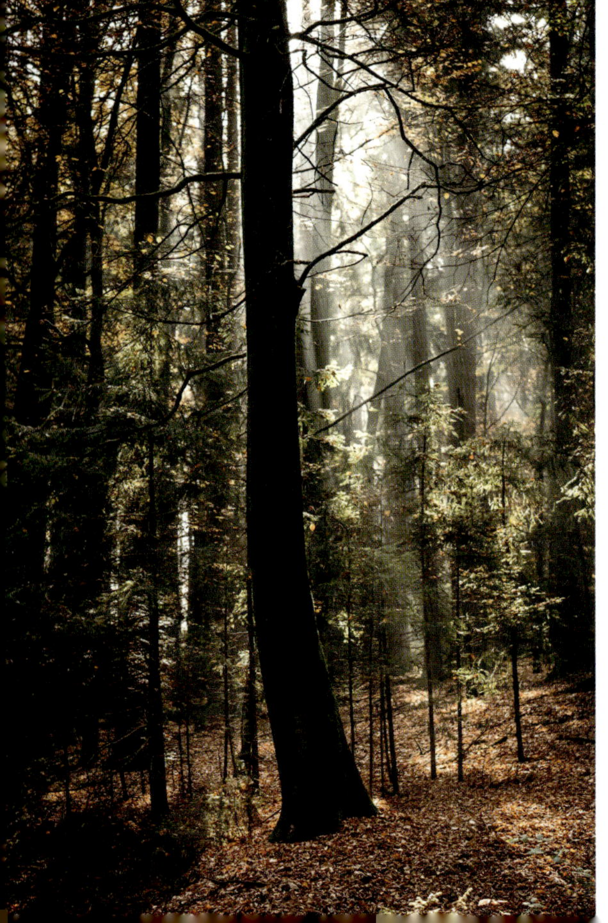

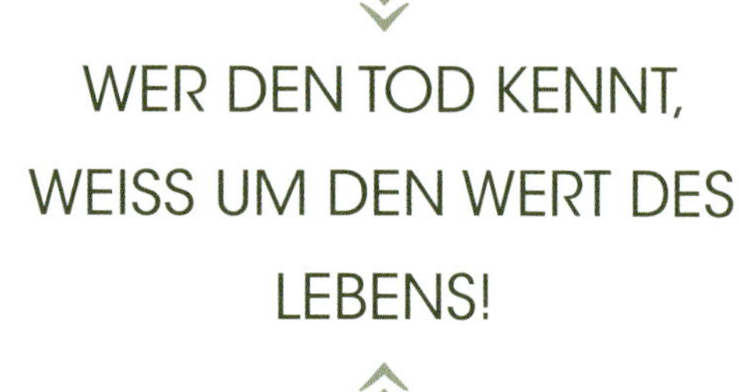

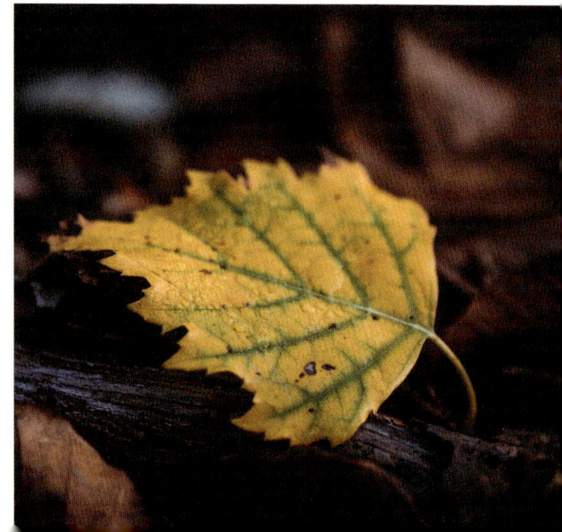

DEFTIGER HERBSTSALAT

ZUTATEN:

Feldsalat, Rucola

Kopfsalat

oder anderer zur Verfügung stehender Salat

5 Tomaten

5 Eier

100 g Schinkenspeck

20 Oliven entsteint

1 Dose Thunfisch

Rote Bohnen nach Belieben

1 Zwiebel

ZUTATEN MARINADE:

kaltgepresstes Distel- oder Sonnenblumenöl

Balsamico-Creme

Salz, Pfeffer,

5 EL Zucker

etwas selbstgemachte Suppenwürze (s. Seite 117) oder 6 Spritzer Maggi

1 Bund Schnittlauch

1 Die Eier kochen und kalt werden lassen. Schälen und vierteln.

2 Die zur Verfügung stehenden Salatsorten waschen und ggf. etwas zerkleinern. Auch die Tomaten könnt ihr, nachdem sie gewaschen sind, vierteln.

3 Marinade anmachen und den in Röllchen geschnittenen Schnittlauch dazugeben. Unter den Salat mischen.

4 Nun gibt man oben darauf die Tomaten, Eier, Bohnen, die in Ringe geschnittene Zwiebel und den Thunfisch.

5 Den Schinkenspeck würfeln und in der Pfanne anrösten. Er wird noch heiß über den Salat gestreut.

6 Die Balsamico-Creme in dünnen Streifen über den Salat geben. Dieser wird dann mit den noch warmen Schinkenspeckwürfeln sofort serviert.

… WIE LECKERES EIS SCHMECKT, WEISS JA JEDER!

Aber wisst ihr auch, wo eure Lieblingssorten herkommen, wie sie gemacht werden und was alles drinsteckt?

Bei unserer Lena kommen nur frische und natürliche Zutaten ins Eis.
Ihre Milcheissorten bestehen zu 80 % aus frischer Milch, die direkt im Stall nebenan gewonnen wird, und unser Fruchteis besteht, wie der Name es schon sagt, ausschließlich aus frischen Früchten.
Durch eine bestimmte Fütterung erzeugen wir einen besonders hohen Eiweiß- und Fettgehalt in der Milch, der es uns ermöglicht, auf andere Zusatzstoffe und Eiweißträger im Eis zu verzichten.
Die Cremigkeit und auch der Geschmack sind unverkennbar natürlich und echt!
Das sieht man nicht nur, sondern das schmeckt man natürlich auch!

Milchhof Irrgang
Lena-Marie Fischer
Vilzing 29
93413 Cham

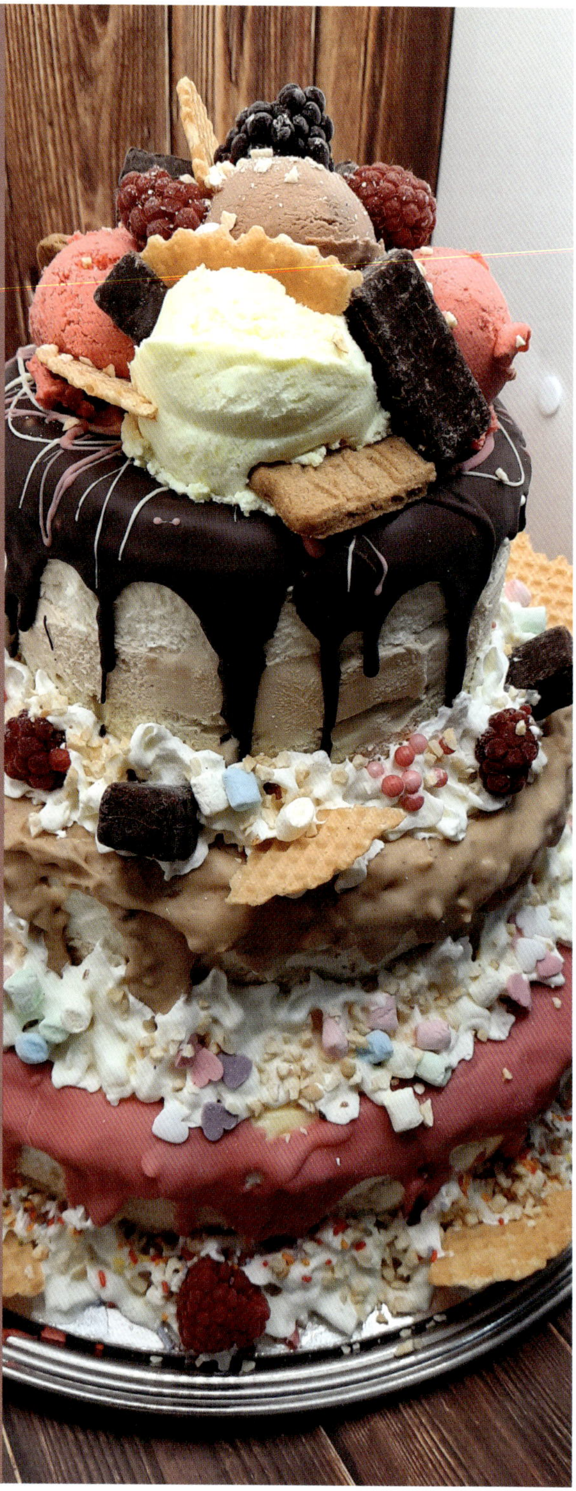

WALDBEEREN-DREIKLANG

Eis schmeckt immer

ZUTATEN TEIG:

für 24 Beeren-Vanille-törtchen

125 g Weizenmehl

60 g weiche Butter

30 g Zucker

1 P. Vanillezucker

1 Ei

ZUTATEN VANILLECREME:

1 P. Puddingpulver Vanillegeschmack

100 ml Milch

200 g kalte Schlag-sahne

Beeren-Vanilletörtchen und Bayerisch Creme mit Heidelbeer-Erdbeer- und Joghurt-Holunder-Eis

1 Zuerst fettet ihr die Muffinform ein und heizt den Backofen vor. Ober- und Unterhitze bei ca. 200° C.

2 Mürbeteig zubereiten:
Ihr gebt das Mehl in eine Rührschüssel. Die übrigen Zutaten werden zugegeben und alles mit einem Mixer (Knethaken) zunächst auf niedrigster, dann auf höchster Stufe zu einem Teig verarbeitet. Dann halbiert ihr den Teig und formt ihn jeweils zu einer Rolle. Die Teigrollen werden in etwa 12 gleich große Portionen geteilt. Jede Portion etwas flach drücken und in die Muffinmulden legen. Form auf dem Rost im Backofen ca. 12 Minuten backen.

3 Creme zubereiten:
Puddingcreme nach Packungsanleitung, aber mit Milch und Sahne zubereiten. Creme in einen Spritzbeutel mit Lochtülle (Durchmesser ca. 8 mm) füllen und in die Törtchen spritzen, evtl. kurz anziehen lassen. Ca. 200 g gemischte Waldbeeren verlesen, waschen und verteilen. Törtchen bis zum Servieren kalt stellen. Kurz vor dem Verzehr leicht mit Puderzucker bestreuen.

MÜRBE WILDKRÄUTER-GEBÄCKHERZEN

Kinder lieben sie

ZUTATEN:

150 g Butter

180 g geriebener Käse

½ Tasse Sahne

½ TL Salz

½ TL Backpulver

250 g Mehl

1 kleine Handvoll Wildkräuter (Brennnessel, Giersch, Gundermann, Schafgarbe, Spitzwegerich) grob geschnitten

1 Für die Zubereitung des Mürbeteiges Mehl auf die Arbeitsfläche geben. Dazu kommen Butter, Käse, Sahne, Salz, Backpulver und Kräuter. Alles rasch zu einem Teig verkneten.

2 Teig circa ¼ Stunde ruhen lassen. Anschließend den Teig 3–4 mm dick ausrollen.

3 Herzen ausstechen und mit Eigelb bestreichen und auf mit Backpapier ausgelegte Bleche geben.
Bei 200° Grad circa 10–15 Minuten backen.

4 Am besten schmecken die Plätzchen, wenn die Kinder beim Sammeln und beim Backen selbst dabei sind.

WENN MAN NICHT AUFHÖREN WILL,
DIE MENSCHEN ZU LIEBEN,
DARF MAN NICHT AUFHÖREN,
IHNEN GUTES ZU TUN.

Marie von Ebner-Eschbach

BLÜTENKEKSE

Laden zum Träumen ein

ZUTATEN:

150 g Mehl

1 geh. EL Speisestärke

½ TL Backpulver

100 g Butter

50 g feiner Zucker

1 Päckchen Vanillezucker

1 Prise Salz

Für den Überzug:

2-3 EL Puderzucker

etwas Wasser

Blüten oder Blütenblätter zum Belegen z. B. von Kamille, Kornblume, Malve, Ringelblume, Veilchen, Gänseblümchen …

1 Ihr mischt das Mehl mit Stärke und Backpulver. Butter mit Zucker, Vanillezucker und Salz cremig rühren. Anschließend rührt ihr die Hälfte der Mehlmischung unter. Den Rest müsst ihr mit den Händen unterkneten.

2 Den Teig auf einer bemehlten Arbeitsfläche 0,5–1 cm dick ausrollen.

3 Mit Ausstechformen verschiedene Motive ausstechen, auf ein mit Backpapier belegtes Backblech setzen.

4 Den Backofen auf 160° C Heißluft vorheizen und die Kekse in 15–20 Minuten goldgelb backen. Abkühlen lassen.

5 Dann rührt ihr den Puderzucker mit wenig Wasser an und bestreicht die Kekse damit. Die Blütenblätter gebt ihr sofort zum Verzieren darauf. Anschließend müssen die Kekse nur noch trocknen.

QUITTENLIKÖR

Er trägt den Geschmack des Sommers in sich und weckt die Sehnsucht nach Weihnachten.

ZUTATEN:

1 l Grappa
1 l Quittensaft
20 ml Rum
3 Sternanis
10 Nelken
½ Tl Zimt
250 g Kandiszucker
40 g Vanillezucker
einige Stücke Ingwer

1 Grappa, Quittensaft und Rum erhitzen. Gewürze und Kandiszucker zugeben.

2 Je nach Belieben einige Stücke Ingwer zugeben. Sie verleihen dem süßen Likör eine sehr angenehme Schärfe im Abgang. Den Likör in einen Glaskrug füllen, verschließen und einige Wochen ziehen lassen.

TIPP:

Den Vanillezucker bereite ich immer selbst zu, um künstliche Aromastoffe zu umgehen. Man nimmt eine Vanilleschote und schneidet sie der Länge nach auf. Schabt das Mark heraus und mischt es mit feinem Backzucker. Das Mark einer Vanilleschote reicht für ca. 250 g Zucker. Er muss einige Tage ziehen.

GEWÜRZE FÜR DIE SEELE

Gerade in der finsteren Zeit im November ist es wichtig, „lichtbringende" Gewürze für die Seele zu sich zu nehmen. So stimmen Vanillezucker, Nelke und Zimt nicht nur auf Weihnachten ein. Sie vertreiben auch die trüben Gedanken des Nebelmonats November. Sie machen uns glücklich und zufrieden. Der Duft setzt Erinnerungen an unsere Kindheit frei. Denn auch die Plätzchen haben wir als Kinder am liebsten bereits vor Weihnachten genussvoll verspeist.

LAVENDELCREME

ZUTATEN:

500 g Naturjoghurt
500 g Quark
Zitronensaft
Lavendelzucker

1 Naturjoghurt mit Quark und etwas Zitronensaft cremig rühren. Lavendelzucker dazugeben. Die Creme in kleine Dessertgläser füllen.

2 Garnieren mit Blüten, Zitronenmelisseblättern, Pfefferminzblättern und Beeren der Saison.

ZUM GARNIEREN:

Zitronenmelisseblätter
Pfefferminzblätter
Beeren der Saison
Blüten

ZUBEREITUNG LAVENDELZUCKER:

Blätter und Blüten vom Lavendel im Mörser oder Mixer mit Zucker vermengt pulverisieren.

PAPPARDELLE

Diese Beilage passt fast immer.

ZUTATEN:

250 g Mehl Typ 405
200 g Eigelb
50 g Butter weich
½ TL Salz

1 Etwas doppelgriffiges Mehl verwenden, für die Verarbeitung des Teiges. Mehl, Eigelb, Butter, Salz zu einem festen Teig kneten. In einer Schüssel mit Deckel mindestens 6 Stunden ruhen lassen.

2 Jetzt den Teig mit einer Nudelmaschine ganz dünn ausrollen und in breite Streifen schneiden. In Salzwasser kochen, in ein Sieb abgießen, anrichten.

DIE JUNGJÄGERBEAUFTRAGTEN KERSTIN WAGNER & FLORIAN HAGN

„DIE JÄGERSCHMIEDE" HIER WIRD WISSEN UND KÖNNEN PERFEKTIONIERT

Überwiegend umfasst unsere Gruppe Jungjäger, junge Jäger und solche, die gerne bei unserer Gemeinschaft dabei sind. Bei uns ist immer was los, da wir viele jagdliche Veranstaltungen, wie Fuchsansitz, Raubwildbejagung, Zerwirkkurse, Kochkurse, Erste-Hilfe-Kurse, Motorsägenkurse u.v.m. veranstalten. Bei Fragen helfen wir beide oder die Gruppe im Team weiter. Für uns fängt die Jagd auch nicht mit dem Schuss an und sie hört auch da nicht auf. Hege, Pflege und eine gute Verwertung des Wildes gehören dazu. Deswegen sind die Jungen Jäger Cham stolz, dass dieses Kochbuch entstanden ist. Wir wünschen euch sowohl Spaß beim Lesen als auch Nachkochen und natürlich einen guten Appetit.

Viele Grüße und Waidmannsheil!

IN DER RUHE
LIEGT DIE KRAFT!
KONFUZIUS

WINTER

GERHARD LUCKNER
EHRENVORSITZENDER DER JÄGERKAMERADSCHAFT CHAM E. V.

Wildfleisch ist ein begehrtes und hochwertiges Lebensmittel, welches vom Jäger in freier Wildbahn tierschutzgerecht erlegt wird. Wildbret aus heimischen Wäldern unterliegt einer strengen Qualitätskontrolle durch speziell ausgebildete Jäger, sogenannte „Kundige Personen“. Der Konsument kann deshalb sicher sein, ein hochwertiges, gesundes und einwandfreies Wildfleisch vom Jäger zu erhalten. Die Wildbrethygiene beginnt bereits mit der Wahl der Jagdmethode. Die Ansitzjagd ist durch keine andere Jagdart zu ersetzen, da hierbei in der Regel ein guter Schuss auf das Blatt (Brustraum) angetragen werden kann. Dort befinden sich die lebenswichtigen Organe, wie Herz und Lunge. Ein sauberer Schuss, sobald wie möglich aufgebrochen und gute Kühlung sind Grundvoraussetzungen der Wildbrethygiene. Unser Wild liefert aber nicht nur mit Muskelfleisch eine leckere Mahlzeit, sondern auch mit Innereien. Der Aufbruch findet sich im jagdlichen Brauchtum wieder und gehört zum sog. „Kleinen Jägerrecht“. Es ist ein ungeschriebenes Gesetz, dass die essbaren Innereien dem Erleger zustehen, wenn er das Stück selber aufgebrochen hat.

GEBACKENE REHLEBER MIT ZWIEBELN UND GEMÜSE

ZUTATEN FÜR 2 PERSONEN:

1 Rehleber

2 Knollen Zwiebel

Paprika

Karotten

Sellerie

Lauch

Salz, Pfeffer

Rotwein

1 Die Leber in ca. 1-1,5 Zentimeter dicke Scheiben schneiden. Abtropfen lassen und evtl. abtupfen.

2 Mit etwas Pfeffer würzen (kein Salz). In Mehl wenden. In einer Pfanne mit Butter oder Butterschmalz auf beiden Seiten anbraten.

3 Anschließend auf einen Teller legen und im Ofenrohr warmhalten. Die Zwiebel und das Gemüse schneiden und ebenfalls mit Butterschmalz braten.

4 Zwiebel ggf. etwas früher in die Pfanne geben, damit sie schön goldbraun wird.

5 Wenn das Gemüse fertig gebraten ist, die Leber dazugeben und mit Salz und Pfeffer abschmecken.

6 Je nach Geschmack etwas Majoran dazugeben. Mit Rotwein ablöschen und mit geschlossenem Deckel noch 4-5 Minuten ziehen lassen.

Die Leber enthält große Mengen an Vitamin A, B1, B2 und B12, C und D sowie Eisen. Ca. 150 g decken den Tagesbedarf eines Erwachsenen.

Wild ist gänzlich frei von Antibiotika, giftigen oder gesundheitlich bedenklichen Futterzusatzstoffen. Es enthält keinerlei Impfstoffe oder sonstige bewusst zugeführten Chemikalien. Von der ganzjährigen „Freilandhaltung" ganz zu schweigen, erfüllt es sämtliche heutigen Ansprüche an das Tierwohl, sowohl im Leben als auch zum Erlegungszeitpunkt.

SUPPE VOM FASAN, REBHUHN ODER HAUSHUHN

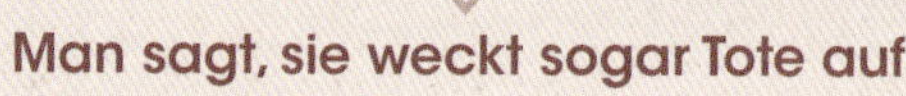

Man sagt, sie weckt sogar Tote auf.

ZUTATEN:

1 Suppenhuhn
5–6 gelbe Rüben
2 Petersilienwurzeln
1 Knollensellerie
1 Zwiebel
1 Bund Petersilie
1 Zweig Liebstöckel
1 TL bunte Pfefferkörner
Salz, Muskat
1 Knoblauchzehe
evtl. Chili

1 Das Huhn auftauen, zerlegen (Brust, Flügel, Beine, Rücken, insgesamt 8 Stücke kommen so raus). Haut abziehen. Die Teile unter fließendem Wasser waschen und trocken tupfen (nehmt ein Huhn vom Bauern, das nicht mit Fertigfutter aufgezogen worden ist).

2 Zwiebel, Knoblauch schälen und im Ganzen belassen, beide nur zur Hälfte einschneiden. Möhren, Petersilienwurzeln und Sellerie säubern und klein schneiden. Petersilie und Liebstöckel waschen und klein schneiden.

3 Das Huhn in einen großen Topf geben und mit Wasser auffüllen, bis alles gut bedeckt ist. Salz, Muskat und die bunten Pfefferkörner dazugeben und köcheln lassen, bis das Fleisch vom Knochen fällt (ca. 1 Stunde). Nach etwa 35 Minuten Kochzeit das Gemüse dazugeben.

4 Fleisch aus der Suppe nehmen und vom Knochen lösen. Danach kann man das Fleisch wieder in die Suppe zurückgeben. Evtl. noch etwas Chili dazugeben.

5 Als Einlage kann man Bandnudeln, Reis oder auch Grießklöße dazugeben.

Früher wurde ein Huhn nur geschlachtet, wenn der Bauer krank war.
Heute steht dieses Wundermittel zum Glück uns allen zur Verfügung.
Die verschiedenen Inhaltsstoffe einer Hühnersuppe wirken antibakteriell und entzündungshemmend.
Wie UNGLAUBLICH unsere Welt doch ist.
Die Hühnersuppe ist eine Delikatesse. Probiert es aus!

Kauft das Huhn vom Bauern. Dort, wo es noch ohne Antibiotika und Fertigfutter ein Leben in Freiheit hatte. Vergesst nicht, ein hochwertiges Essen bekommt man nur mit hochwertigen Zutaten. Und die Tiere haben ein Recht auf ein gutes Leben.

ORIENTALISCHE WILDSCHULTER

ZUTATEN:

1,5 kg Wildschulter mit Knochen vom Reh, Hirsch oder Wildschwein

2 EL Harissa-Gewürzmischung

4 EL Olivenöl

Salz und Pfeffer aus der Mühle

100 g Stangen- oder Staudensellerie

50 g Karotten

100 g Lauch

50 g Schalotten

1 EL Tomatenmark

1 Knoblauchzehe

1 TL Paprikapulver

0,2 l Rotwein

0,2 l Wasser

1 Die Schulter von Häuten und Sehnen befreien, den flachen Teil vom Schulterblattknochen auslösen. Den Röhrenknochen am Gelenk durchtrennen und auslösen. Fleisch mit Salz, Pfeffer und Harrissa würzen, mit Olivenöl einreiben, ruhen lassen.

2 Währenddessen Staudensellerie, Karotten und Lauch waschen, in grobe Stücke schneiden. Schalotten schälen und halbieren. Backofen auf 140° C vorheizen.

3 Wildschweinschulter in einem Bräter mit etwas Olivenöl auf allen Seiten anbraten und aus dem Bräter nehmen. Gemüse, Schalotten und Knoblauch in den Bräter geben und leicht anrösten, Tomatenmark zugeben, leicht anrösten, 1 TL Paprikapulver zugeben. Das Ganze mit Wein und Wasser ablöschen, etwas einkochen lassen. Die Schulter, Rosinen, Tomatenwürfel und Thymianzweig wieder dazugeben. Im Backofen / mittlere Schiene für ca. 80 Minuten im geschlossenen Bräter garen.

4 Nach 90 Minuten im Ofen mit einer dünnen Fleischgabel an der dicksten Stelle einstechen (nicht stochern), wenn das Fleisch leicht von der Gabel rutscht, ist es fertig (der austretende Saft ist glasig). Die Garzeit hängt von der Dicke des Fleischstückes ab. Größere Stücke brauchen ein wenig mehr Zeit.

Ein Traum aus Tausendundeiner Nacht

100 g Tomaten, grobe Stücke

1 ½ TL Kreuzkümmel

1 EL Rosinen, getrocknet

1 Thymianzweig

Abrieb einer unbehandelten ½ Zitrone

20 g kalte Butter

1 TL fein geschnittene Pfefferminze

1 TL fein geschnittene Petersilie

5 Braten aus dem Ofen nehmen und 15 Minuten ruhen lassen. Dadurch entspannen sich die Fasern im Fleisch und die Säfte verteilen sich wieder gleichmäßig im Braten.

6 Die Schulter aus dem Bräter nehmen. Den Sud aus dem Bräter abpassieren. Das Gemüse durchs Sieb streichen und als natürliches Bindemittel verwenden. Soße kurz aufkochen lassen, mit geriebener Zitronenschale abschmecken, kalte Butter mit dem Mixstab einarbeiten. Sie sorgt für eine schöne Bindung und den Glanz der Soße. Alles warm stellen.

7 Den restlichen Knochen auslösen und das Fleisch in Tranchen schneiden. Nach Belieben mit fein geschnittenen Minzblättern und Petersilie anrichten.

Rehragout - Ja wos gibt's denn heut auf d'Nacht

www.franzdorfer.com

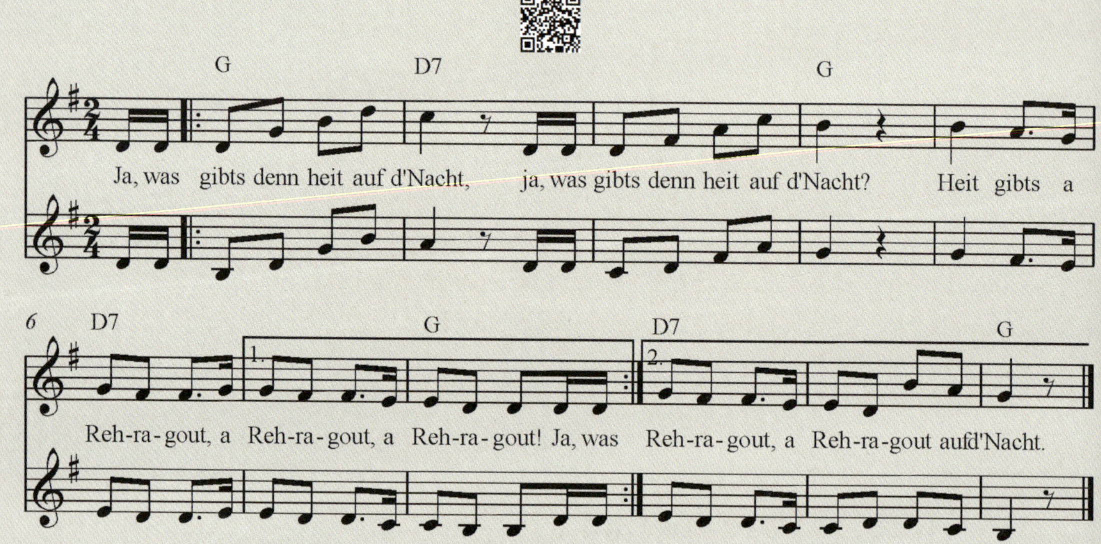

Lied „Rehragout"

REHRAGOUT – DER KLASSIKER

ZUTATEN:

1 kg Rehfleisch (ergibt ca. 5 Portionen)

1 große Zwiebel

2 Lorbeerblätter

3 Wacholderbeeren

2 Nelken

1–2 Karotten

5 Pfefferkörner

Salz, Pfeffer gem.

1 TL Suppengewürz

1 TL Zucker

125 ml Rotwein

Preiselbeeren nach Geschmack

etwas Essigessenz

ZUTATEN EINBRENNE:

Butter, Mehl für die Einbrenne

nach Belieben etwas Rehblut oder Zuckerkulör für die dunkle Farbe der Soße

Fleisch 2 Tage vorher einlegen:

1 Ragout-Fleisch mit Zwiebeln, Lorbeerblättern, Wacholderbeeren, Nelken, Karotten, Pfefferkörnern, Salz, Pfeffer gemahlen, Suppengewürz, Zucker und Rotwein und etwas Essigessenz einlegen. Mit Wasser auffüllen, bis das Fleisch ganz bedeckt ist.

2 Rehfleisch mit Wasser und Zutaten ca. 1,5 Stunden kochen, bis das Fleisch zart ist.

3 Einbrenne herstellen. Dazu Öl im Topf heiß machen. Mehl dazugeben und dunkelbraun anrösten. Mit kaltem Wasser ablöschen. Das Wasser nur langsam zugeben und mit dem Schneebesen gut vermischen, damit es nicht klumpt. Fleisch dazugeben. Nach Belieben mit Rehblut abschmecken.

Sprecht eure Jäger darauf an, meist haben diese Rehblut eingefroren oder heben euch welches auf. Das Blut macht den ganz besonderen Geschmack. Das Ragout schmeckt aber auch ohne Rehblut sehr fein! Als Ersatz dafür kann auch Zuckerkulör für die dunkle Farbe der Soße verwendet werden.

EIN MORGENANSITZ IM WINTER

Er hat einen ganz besonderen Reiz. Wenn die Nacht zu Ende geht und die ersten Sonnenstrahlen Gottes Schöpfung in Licht hüllen, erwacht die Welt. Überall glitzert und schillert es.
Es ist aber auch die Rammelzeit, die Paarungszeit für die FELDHASEN. Auf schneebedeckten Flächen kann man manchmal sehen, wie sich die Hasen gegenseitig jagen. Bei Hasen gibt es drei bis vier Würfe im Jahr. Sie sind Nestflüchter. Sie werden über der Erde geboren. Besonders der Wegfall von bewachsenen Feldrainen, den Rändern der Felder, macht sie leicht zum Opfer von Greifvögeln. Der Hase hat im Winter ein gräulich-braunes Fell, im Sommer ist es erdbraun. Er ist ein Meister der Tarnung mit ausgezeichnetem Gehör. Er ist aber auch ein exzellenter Sprinter mit einer ausgefeilten Fluchttechnik. Ihn holt so schnell keiner ein. Er ist kurzsichtig, aber ein Bewegungsseher. Er hat den perfekten Überblick! Durch seine seitlich stehenden Seher (so nennt der Jäger die Augen) kann er nahezu 360 Grad überblicken. Seine Hinterläufe sind sehr lang. Mit ihnen kann er bis zu drei Meter weit und zwei Meter hoch springen. Mit bis zu 70 Kilometern pro Stunde überholt er alle Spitzensportler.

DER ERSTE SCHNEE ...

... für uns ist er wie ein Buch. Er erzählt uns anhand der Fährten und Spuren viele Geschichten. Wir können daran nicht nur ablesen, wer im Revier unterwegs ist, sondern auch, ob das Wild gemütlich spaziert oder gar geflüchtet ist. Sie zeigen feste Wechsel (die Straßen der Waldtiere – meist benutzen sie immer gleiche Wege, die über Jahrhunderte fest in ihnen verankert sind). So gibt es Fernwechsel, die das Wild benutzt, um Hunderte von Kilometern zu wandern, um frisches Blut in die Nachkommenschaft zu bringen. Leider zerstört der Mensch durch unüberwindbare Grenzen, wie beispielsweise Autobahnen, solche Wechsel. Winter mit hohen Schneelagen bedeuten aber oft auch Notzeiten für das Wild. Die Jäger bestücken dann Futterstellen mit artgerechtem Futter. Dort stellt sich dann natürlich auch Raubwild ein, um nach Nahrung zu suchen. Iltis und der Hermelin im weißen Winterkleid können bei der Mäusejagd beobachtet werden.

AUSNEUEN, so sagen die Jäger, wenn sie eine frische Spur bei Neuschnee abgehen.

- ANKAUF IHRER ROHWARE
- QUALITÄTSGERBUNG
- VERARBEITUNG IHRER FELLE
- FACHLICHE BERATUNG MIT INDIVIDUELLER MODELLGESTALTUNG
- PELZACCESSOIRES
- REPARATUR-SERVICE REINIGUNG | AUFFRISCHUNG SOMMERAUFBEWAHRUNG

Hofstetter Pelz & Design GmbH & Co. KG
Neunburger Str. 15 | D-92444 Rötz | Oberpfalz
Tel. +49(0)9976.2000 330 | Fax +49(0)9976.2000 3340
info@pelzdesign-hofstetter.de
www.pelzdesign-hofstetter.de

PELZE SIND ECHT
EIN LEBENSGEFÜHL

www.furios-shop.de

Hofstetter Pelz & Design GmbH & Co. KG
Neunburger Straße 15
92444 Rötz
Telefon: 09976 2000330

Verarbeitung – nachhaltig und regional:
Viele Modewörter wie „Nachhaltigkeit, Transparenz, …" sind heute beliebt. Bei Hofstetter Pelz & Design leben wir dieses Konzept schon seit Anbeginn. Wir sammeln Rohstoffe aus der Natur und verarbeiten sie zu wunderbaren Accessoires, zu moderner Bekleidung und zu Pelzen für den Wohnbereich.
In Ihrem Auftrag fertigen wir auch aus Ihren eigenen Bälgen neue Lieblingsstücke an. So können Sie den Wert Ihrer Jagdbeute am besten nutzen. Integrieren Sie diese als Sofadecke oder Kissen, als Kapuzenstreifen oder modische Bekleidung in Ihren Alltag. Viele weitere Ideen bekommen Sie bei einem Besuch in unserem Ladengeschäft oder beim Stöbern im Onlineshop: www.furios-shop.de.

Ausgebildete Fachkräfte in unserem Werkstatt-Team garantieren die handwerkliche Verarbeitung und beste Qualität der Produkte.

Tradition: Der Ursprung des heutigen Meisterbetriebs Leonhard Hofstetter Pelz & Design liegt 200 Jahre zurück. Vom „Kappmacher" im Jahr 1840 über „Leonhard Hofstetter – Hüte, Mützen, Pelze" 1950 bis zu „LH Pelz & Design" 2014 wurde die Firma ständig innovativ weiterentwickelt.
Mit der heutigen Inhaberfamilie Leonhard Hofstetter, Eva Maria Hofstetter und den Töchtern Christina und Anna, beide ausgebildete Kürschnerinnen, steht Ihnen ein Team mit fundierten Kenntnissen im Kürschnerhandwerk, der Pelzverarbeitung, zur Seite.

Ankauf – Partner der Jäger: Es wird genutzt, was die Natur uns gibt. Dieser Grundsatz hat den Familienbetrieb Hofstetter Pelz & Design in Rötz schon immer überzeugt. Der regionale Betrieb baut den Handel mit heimischen Rohfellen daher stetig aus. Rund 5.000 Jäger nutzen diese Absatzmöglichkeit für volle, gute Winterbälge als Rohfelllieferanten. Bei Pelz- und Fachmessen vermarktet die Firma Hofstetter als Aussteller diese Felle international.

Gerbung – Unser Service für Sie: Am Anfang eines jeden schönen Fells, eines jeden wertigen Pelzprodukts, stehen die Konservierung und fachgerechte Gerbung. Um ein optimales Produkt zu erhalten, hat die Firma Leonhard Hofstetter Pelz & Design mit den führenden Gerbereien im Inland sowie aus dem europäischen Ausland Kooperationen geschlossen. Ob Ihre Schwarten und Decken zum Vorleger oder Ihre Bälge zu edlem Pelzwerk werden – die Gerbung findet stets auf technisch höchstem Niveau statt und ist selbstverständlich schadstofffrei. Gerne nehmen wir Ihre Rohfelle an und lassen diese für Sie professionell gerben.

BESINNLICHES WINTERWILDSCHWEIN

ZUTATEN:

1 kg Bratenfleisch vom Wildschwein

1 kleines Glas Wildfond

1 kleines Glas Bratenfond

300 ml roter Glühwein (achten Sie darauf, dass dieser nicht zu süß ist)

2 Scheiben Bacon

1 kleiner Lebkuchen, ggf. einen halben Lebkuchen nehmen, Oblate entfernen

1 Das Fleisch waschen, trocken tupfen und in etwas erhitztem Butterschmalz scharf von allen Seiten anbraten. Ebenso den Bacon und die geschnittenen Zwiebeln anbraten.

2 Anschließend das Fleisch würzen (Pfeffer, Wildgewürz, Thymian, Lorbeerblätter, Piment, Wacholderbeeren, Senfkörner) und mit ca. 200 ml Glühwein ablöschen.

Wer Zeit hat, kann das Fleisch 1–2 Tage zuvor einlegen. Hierzu das Fleisch waschen, trocken tupfen und mit einer Zwiebel (halbiert), einer Karotte (geschält und grob geschnitten) sowie Salz, Pfeffer, einer Prise Wildgewürz, Lorbeerblättern, Piment und Senfkörnern in Essig und Wasser einlegen (Fleisch bedecken) und kühl stellen.

Sehr lecker schmeckt es, wenn ihr das fertige Fleisch aus der Soße nehmt und auf ein Backblech legt. Umwickelt den Braten mit Bacon-Scheiben (mit Zahnstocher kann man diesen gut fixieren) und lasst ihn im Speckmantel noch im Backofen rösten, bis der Bacon schön kross ist. Das verleiht fast jedem Braten (Wildfleisch, Rindfleisch) eine einzigartige, vorzügliche Note.

2 Zwiebeln

3 Karotten

1 Stange Lauch

Sahne

Tomatenmark

Balsamico- oder Weinessig

Stärkemehl

GEWÜRZE:

Salz, Pfeffer, Petersilie,

Kümmel gemahlen, Thymian, Lorbeerblätter, Piment, Wacholderbeeren, Senfkörner, Wildgewürz, 1 Nelke, 1 Sternanis

3 Das frische Gemüse putzen, in Stücke schneiden und zum Fleisch geben. Ebenso die Karotte vom Sud, falls man das Fleisch eingelegt hat.

4 Den Lebkuchen zum abgelöschten Fleisch und Gemüse geben, mit etwas Wasser/Sud und jeweils 2/3 vom Wild- und Bratenfond aufgießen und zugedeckt ca. 2,5 Std. köcheln lassen.

5 Das Fleisch herausnehmen, das Gemüse und die Soße pürieren. Lorbeerblätter, Piment, Wacholderbeeren und Bacon herausnehmen! Anschließend durch ein Sieb in einen Topf gießen.

6 Nach Belieben die Soße nun verfeinern, die Süße der Lebkuchen kann gut durch etwas gemahlenen Kümmel, einen Schuss Essig, Salz, Thymian und Tomatenmark abgerundet werden. Nach Bedarf den restlichen Fond, Glühwein und/oder Wasser zugeben.

7 Soße mit etwas Sahne binden und das Fleisch wieder dazugeben. Gerne kann die Soße auch mit etwas Stärke zusätzlich angedickt werden.

8 Anschließend das Fleisch in der fertigen Soße bis zur gewünschten Konsistenz fertig köcheln lassen und servieren.

TIPP:

Wer noch weihnachtlicheren Geschmack möchte (neben Lebkuchen und Glühwein), legt für die übrige Kochzeit noch Sternanis und eine Nelke zum Fleisch und verfeinert die Soße kurz vor dem Servieren noch mal mit einem Schuss Glühwein. Super dazu: säuerliches Blaukraut, Preiselbeeren und Semmelknödel.

Das Kochen gehört zum Hüttenleben einfach dazu! Die Berghütten sind meist sparsam ausgestattet. Daher müssen wir oft Kompromisse eingehen. Andererseits macht es Spaß, wenn wir frisch erlegtes Wild oder die „Inneren Werte" wie Herz, Leber und Nieren, aber auch Lunge, Lecker (Zunge) selbst zubereiten.

KLEINES JÄGERRECHT „WILDE LEITE“

Ein Rezept für die Jagdhütte

ZUTATEN:

Öl zum Anbraten

2 Zwiebel

Innereien vom Reh, Wildschwein wie Herz, Nieren oder Leber

Saft einer ½ Zitrone

etwas Brühe oder Brühwürfel

3 EL Sahne

Mehl zum Bestäuben

Salz, Pfeffer

1 EL Petersilie, 1 Zweig Rosmarin, Thymian, Majoran

1 EL Tomatenmark

1 Zwiebel in Würfel schneiden. Innereien scharf anbraten. Die Zwiebel zugeben und etwas mit andünsten.

2 Das Ganze mit Mehl bestäuben und mit Brühe ablöschen. Nach Geschmack würzen mit Salz, Pfeffer, Petersilie, Rosmarin, Thymian und Majoran.

3 Das Ganze wird abgeschmeckt mit einem Schuss Sahne, dem Zitronensaft und Tomatenmark.

Hüttenbedarf rundumhütten Tobias Philemon Edel

THAI-CURRY VOM FASAN

Nicht nur lecker, sondern auch gesund! Curry gibt jedem Essen eine ganz besondere Note. Gesund ist dieses Gewürz obendrein. Es ist entzündungshemmend und lindert Gelenkschmerzen. Seine schöne Farbe verleiht dem Gewürz das darin enthaltene Kurkumin.

Wärmt Körper & Geist

ZUTATEN:

300 g Wildbret vom Fasan oder anderes Wildbret

250 g Austernpilze oder Champignons

1–2 EL rotes Thai-Curry, zu Wildgeflügel kann auch gerne gelbes Thai-Curry verwendet werden

1 Glas Wasser mit Brühe

400 ml Kokosmilch

750 g Gemüse nach Wahl

2 EL Erdnussöl oder Erdnusspaste

Sojasauce, wenn gewünscht

Ingwer, Chilischoten oder Chiligewürz für eine scharfe Variante

1 Kokosfett in einen nicht zu kleinen Topf geben und mundgerecht geschnittenes Wildbret und Pilze kurz scharf darin anbraten.

2 Die Currypaste zugeben. Nach und nach mit Kokosmilch aufgießen. Brühwasser und das klein geschnittene Gemüse nach Wahl zugeben und zum Kochen bringen. Es sollte darauf geachtet werden, dass alles bissfest bleibt und die Farbe behält. Chinakohl sollte erst kurz vor Schluss zugegeben werden. Erdnussöl oder Erdnusspaste zugeben, nach Belieben mit Sojasauce würzen.

3 Wenn ihr gerne scharf esst, dann gebt nach Belieben Chilis oder Ingwer dazu. Currys serviert man heiß mit Reis. Ihr könnt aus den vielen Sorten wie Basmati, Jasminreis oder Duftreis auswählen.

4 Als Augen- und Gaumenhighlight empfehlen wir gerösteten Sesam. Dazu einfach Sesamkörner gut waschen, abtropfen lassen, in einer Pfanne ohne Öl bei mittlerer Hitze ca. 2 Minuten rösten, bis sie sich mit dem Finger zerreiben lassen. Sesam in eine Schüssel geben, nicht in der Pfanne lassen, damit sie nicht von der Resthitze verbrannt werden.

MIT VÄTERCHEN FROST
KEHRT DIE RUHE EIN.

FISCH IST GESUND

So wie uns der Wald, die Wiesen und Felder mit frischem Fleisch versorgen, bereichern unsere Bäche, Weiher und Seen unseren Speisezettel mit gesundem Fisch. Er bringt Abwechslung auf unsere Tische.
Fisch enthält Omega-3-Fettsäuren und beugt daher vielerlei Gebrechen vor. Er senkt die Blutfettwerte, verringert die Gefahr eines Herzinfarkts und unterstützt die Verbesserung der Fließeigenschaften des Blutes. Es heißt, dass er sogar positiv gegen Alzheimer und Depressionen wirkt. Baut Fisch daher regelmäßig in euren Speiseplan ein. Er schmeckt lecker und es gibt unendlich viele Variationen. Sie allesamt leisten einen Beitrag für eine genussvolle Gesundheitsvorsorge.

ZOIGLKARPFEN MIT ZITRONEN-KERBEL-CREME

Der Karpfen und das Zoiglbier sind die Spezialitäten der Oberpfalz!

ZUTATEN:

1 Karpfen
Salz
Pfeffer
Mehl
3 EL Öl
½ TL Paprika
1 Glas Zoiglbier
1 Ei
Fett

ZUTATEN CREME:

1 Bund Kerbel
1 Bio-Zitrone
200 g Crème fraîche
Salz, Pfeffer

1 Das Fischfilet in 2,5 cm breite Streifen bis auf die Haut schneiden (diese aber nicht durchschneiden, damit es schön zusammenhält). Nun reibt ihr den Karpfen mit Zitronensaft, Salz und Pfeffer gut ein. So werden kleine Gräten, die noch im Filet enthalten sind, weich und lösen sich durch die Säure nahezu auf. Danach etwas ruhen lassen.

2 Backteig vorbereiten: Ei trennen und das Eiweiß steif schlagen. Dann vermischt ihr Mehl, Öl, Paprika, Bier, Salz und Eidotter. Nun gebt ihr den steifen Eischnee dazu und hebt ihn unter die Masse.

3 Den Karpfen filetieren und im Bierteig wenden. Anschließend die Stücke in heißem Bratfett goldgelb backen und mit Zitrone und Petersilie garnieren.

4 Für die Zitronen-Kerbel-Creme hackt ihr den Kerbel fein. Die Zitrone waschen. Mit einer Reibe die Schale abreiben und den Saft auspressen. Alles zur Crème fraîche geben und mit Salz und Pfeffer abschmecken.

SEELENRUHE:
WIR FINDEN SIE NICHT
ZWISCHEN TÜR UND ANGEL!

Wir Jäger finden sie oft draußen in der Natur. Die Natur, sie macht es uns vor: Nach der Zeit der großen Ernte, da wird es ganz langsam stiller, alle Tage etwas mehr. Bis der Winter alles zum Stillstand bringt. Da erwacht sie in uns, die Zeit der Seelenruhe. Zu dieser ruhigen und stillen Zeit wird draußen alles ganz leise für das Frühjahr bereitet, ähnlich wie bei uns selbst. Nur wenn wir einmal ganz zur Ruhe kommen, dann können wir mit neuer Kraft, neuen Ideen und all unserer Passion das neue Jagdjahr beginnen.

EIN WINTERANSITZ

Im finsteren Wald und ganz allein. Kein bisschen Licht, nur Mondenschein.
Ein Vogel fliegt ganz leis vorbei. Nur sein Rufen hörst du dabei. Irgendwo, weit weg von dir, hörst im Gebüsch ein flüchtiges Tier.
Plötzlich - Stille - nichts - kein Laut, kein Zucken, kein Tritt im Schnee, kein Wild, kein Mucken.
Nichts, nur du, nur dein Atem, einsam und allein.
Kann es irgendwo noch stiller sein?
Die Stille zieht dich in den Bann.
Wie gut es tut, wenn man nur Stille hören kann.
Du genießt die Stille pur und bist nun Teil dieser Natur.

ES IST ABER AUCH DIE ZEIT, UM DAS RAUBWILD ZU DEZIMIEREN.

Früher, als es noch die Tollwut gab, da hat die Natur den Fuchsbestand reguliert.
Heute hat der Fuchs bis auf den Autofahrer und die Jäger keine natürlichen Feinde mehr. Kaum ein Hase, ein Fasan oder sonstiger Bodenbrüter hat da Chancen, seinen Nachwuchs „großzuziehen". So ist es an uns Jägern, den Bestand im rechten Lot zu halten und der Artenvielfalt eine Chance zu geben.

Die stressfreie Schlachtung macht das Projekt so besonders. Nachdem Sarah Baumgartner mit 16 Jahren bereits den Jagdschein machte, konnte sie die Genehmigung für den Kugelschuss auf der Weide beantragen und gestaltet die Schlachtung somit so stressfrei wie nur möglich.
Verkauft wird das Produkt Genussfleisch in Einzelteilbestellung über den Online-Shop mittlerweile in ganz Deutschland. Die Produkte können ab 500 g in Einzelportionen bestellt und abgeholt werden. Für Kunden aus weiteren Entfernungen wird ein Express-Versand mit Recycling-Materialien angeboten.

Galloways vom Gänsberg

die nachhaltige Rinderzucht von Sarah Baumgartner

Kolmberg 40
93476 Blaibach

Eine Kombination aus Landschaftspflege für Bayern mit der Direktvermarktung von stressfrei geschlachtetem Bio-Genussfleisch und der Herdbuchzucht der Tiere.
Ganz versteckt, auf den Weiden des Gänsbergs, liegt der Hof der Familie Baumgartner. Die idyllische Lage des Betriebes und seiner Wiesen bietet für Sarah Baumgartner perfekte Möglichkeiten für eine ganzjährige Beweidung und Bewirtschaftung mit der schottischen Rinderrasse Galloway. Die bergige Lage macht eine intensiv betriebene Landwirtschaft kaum möglich. Jedoch für die extensiv gehaltenen Galloways bietet sich hier die Möglichkeit zur Pflege der Flächen unter Rücksichtnahme auf den Naturschutz – getreu dem Motto „im Einklang mit der Natur".

WILDKRÄUTER

Sie verfeinern und bereichern unser Essen und leisten einen wertvollen Beitrag für unsere Gesundheit. Auch wenn heute oft keine Zeit mehr für einen eigenen Gemüsegarten vorhanden ist, so solltet ihr nach Möglichkeit zumindest einige Kräuter im Garten oder auf dem Balkon zur Verfügung haben.

SAFTIGER WILDRÜCKEN IM WILDEN KRÄUTERMANTEL

ZUTATEN:

800 g Filet vom Wildschwein, Hirsch oder Reh

1 TL Wacholderbeeren

4 Pfefferkörner, Salz

50 g durchwachsener Speck, klein gewürfelt

3 EL Butterschmalz

ZUTATEN KRÄUTERKRUSTE:

4 Bd. klein gehackte Kräuter, z. B.: Giersch, Brennnessel, Bärlauch, Minze

1 Zwiebel, klein gehackt

2 Kartoffeln gekocht, zerdrückt

50 g Parmesan, gerieben

30 g Butter, 1 Ei

1 Die Rückenlachse parieren, salzen, pfeffern und mit klein gemörserten Wacholderbeeren einreiben. Eine Stunde ziehen lassen.

2 Die Speckwürfel in Butterschmalz anbraten, dann herausnehmen. Die Hitze erhöhen und das Filet von allen Seiten scharf anbraten. Hitze reduzieren und jede Seite weitere 2 Minuten braten. Das Filet in Alufolie packen und im auf 80° C vorgeheizten Ofen ruhen lassen.

3 Für die Kräuterkruste alle Zutaten gut vermischen und mit Salz und Pfeffer abschmecken. Filet damit bestreichen und bei 200° C in 10 Minuten fertig backen. Fleisch aus dem Ofen nehmen. 10 Minuten ruhen lassen. In schräge Scheiben schneiden und auf einer Platte anrichten.

Ich liebe den Duft von selbstgekochtem Essen in der Küche. Gemeinsames Kochen oder Essen zusammen mit der Familie oder Freunden löst so manches Problem am Küchentisch. Das schweißt uns zusammen. Im Leben sind es gerade diese geselligen Stunden, die so wertvoll sind. Es wird erzählt, gelacht und natürlich genossen.

WILDSALAT

Die Resteverwertung des Wildbratens

ZUTATEN:

Salat der Saison: Feldsalat, Eisbergsalat, Endivien, Radicchio usw.

Speckwürfel

Zwiebel

kalter Wildbraten

Balsamico-Essig

brauner Zucker

Salz, Pfeffer

Öl

1 Kleine Speckwürfel in einer Pfanne auslassen, klein gewürfelte Zwiebel mit glasig dünsten.

2 Abkühlen lassen.

3 Salat gut waschen und abtropfen lassen und Wildbraten in dünne Streifen schneiden.

4 Balsamico-Dressing mit Schneebesen anrühren.

5 Salat auf Teller anrichten. Den Speck mit Zwiebeln über dem Salat verteilen. Wildbraten obenauf geben.

6 Balsamico-Dressing über Salat und Fleisch verteilen.

Hierzu empfehlen wir euch ein selbstgemachtes Brot. Ein Rezept dazu findet ihr auf Seite 45.

NACHHALTIGKEIT

Wir Jäger leben für die Hege und Pflege. Deshalb gehen wir achtsam mit den Geschenken der Schöpfung um. Insbesondere mit dem wertvollen Fleisch unserer Wildtiere. Sie geben ihr Leben, damit wir essen können. Unsere wunderbare Landschaft mit all ihren Lebewesen ist unser Paradies auf Erden. Aus diesem Grund wenden wir die meiste Zeit für die unserem Schutz unterstellten Wildtiere und ihre Lebensräume auf.

ADVENT, Advent, ein Lichtlein brennt.

Erst eins, dann zwei, dann drei, dann vier, dann steht das Christkind vor der Tür.
Uns jungen Jägern ist es ein Herzensanliegen, dass die alten Bräuche, die fest in dem Jahreszyklus eingebunden sind, gelebt werden.
Sie geben unserem Leben Halt und Struktur. Sie sind unsere Wurzeln.
Aber wir möchten auch das „Alte" mit dem „Neuen" verbinden, so dass wir uns ganz im Sinn der Schöpfung Gottes weiterentwickeln.

BARBARAZWEIGE

Wir schneiden sie am Barbaratag.
Er ist am 4. Dezember. Frisch geschnittene Zweige von einem Kirschbaum in der Wohnung in eine Vase geben. Sie treiben neue Knospen, die zu Weihnachten erblühen.

DAS PARADEISEL

Eine altbayerische Tradition!
Es besteht aus vier Äpfeln, die mit sechs geschmückten Holzstäben (z. B. Buchs und Hagebutten) zu einer Dreieckspyramide verbunden sind.

WEIHNACHTSKUCHEN

Besonders zum Winteranfang ist er ein wunderbarer Vorgeschmack auf das Weihnachtsfest.

ZUTATEN:

100 g Walnüsse

30 g Mandeln

2 säuerliche Äpfel

75 g Rumrosinen

6 Eier

250 g Zucker

40 g Vanillezucker, am besten nehmt ihr selbstgemachten Vanillezucker (siehe Seite 124)

½ TL Zimt

250 ml Öl

300 g Mehl

1 Päckchen Backpulver

8 EL Rum

1 Prise Salz

Butter für die Backform

1 Nüsse und Mandeln grob hacken und mischen. Äpfel schälen, entkernen, in Spalten und dann in feine Blättchen schneiden. Äpfel sofort mit den Rumrosinen mischen.

2 Eier mit Zucker, Vanillinzucker und Zimt schaumig rühren. Öl in dünnem Strahl unterschlagen. Mehl mit Backpulver mischen, sieben und nach und nach unter die Eicreme rühren.

3 Äpfel-Rosinen-Mischung und die Nuss-Mandel-Mischung unter den Teig heben und in eine gebutterte Kranzform füllen.

4 Kuchen auf der 2. Schiene von unten zunächst 40 Minuten bei 200° C, dann 20 Minuten bei 175° C backen.

5 Puderzucker mit Rum zu einem Guss verrühren und den ausgekühlten Kuchen damit überziehen. Wer mag, kann noch Mandelplättchen draufstreuen.

WEIHNACHTEN UM AN` MUCKENSCHRITT,
NEUJAHR UM AN` HAHNENTRITT,
DREIKÖNIG UM AN` HIRSCHENSPRUNG,
LICHTMESS UM A GANZE STUND.

Eine alte Weisheit, die wir von unseren Eltern gelernt haben. Wir geben sie weiter an unsere Kinder. Mit dem Wachsen des Tages kehrt langsam das Leben in der Natur zu uns zurück.

FALTENBROT

Die Kräuterauswahl entscheidet, ob es nach Garten oder Wald schmeckt ...

ZUTATEN:

1 Würfel Hefe (40 g)

300 g Wasser (lauwarm)

½ TL Zucker

600 g Mehl

2 TL Salz

50 g Öl

ZUTATEN KRÄUTERBUTTER:

120 g Butter (weich in Stücken)

2 Knoblauchzehen

1 Zwiebel in kleinen Würfeln

1 kl. Handvoll Kräuter (z. B. Basilikum, Petersilie, Rucola, Thymian, Mangold, Bärlauch)

1 TL Salz

1 Wasser, Hefe und Zucker in einer großen Schüssel verrühren. Mehl, Salz und Öl zugeben und gut kneten. Mit einem Tuch abdecken und 30 Minuten an einem warmen Ort gehen lassen.

2 Für die Kräuterbutter alle Kräuter und den Knoblauch zerkleinern. Kräuter, Zwiebel, Butter und Salz in eine Schüssel geben und vermischen.

3 Den Teig auf ein bemehltes Nudelbrett geben und auf ein Rechteck von ca. 30 x 20 cm ausrollen. Auf die Teigplatte die Kräuterbutter streichen.
Von der langen Seite her fest aufrollen. In 3 cm breite Scheiben schneiden und in eine 26 cm große Springform auf ein Backblech setzen, da evtl. etwas Fett austreten kann. Backzeit ca. 30 Minuten bei 200° C. Nach dem Backen warm oder kalt servieren.

TIPP:

Wer keine Kräuter zu Hause hat, kann auch ein Pesto verwenden. Uns schmeckt auch das Tomaten-Pesto sehr gut zu Wild. Ich liebe Steinpilz-Pesto, da ich den starken Pilzgeschmack so gerne mag.

DENN ES LIEGT IMMER IM AUGE DES BETRACHTERS, OB ER ETWAS FÜR SCHÖN UND GUT BEFINDET!

Wir Menschen suchen in der Unberührtheit und in der Idylle der Natur Ausgleich, Erholung und Sport. Haben wir endlich das gefunden, das wir so sehr suchen, dann zerstören wir es oft durch unsere Nutzung selber. Leider vergessen wir auch allzu gerne, dass wir nicht alleine sind, oder es fehlt an dem notwendigen Wissen, wie wir uns im Wald, auf den Wiesen und auch an den Gewässern verhalten müssen, damit Flora, Fauna und Habitate nicht negativ beeinflusst werden. Es gilt also, Aufklärung zu betreiben.

BESOFFENE ZWETSCHGEN

Die hochprozentige Verwertung der Ernte

ZUTATEN:

500 g Zwetschgen oder Pflaumen (entsteint, gewogen)

250 g brauner Kandiszucker

ausreichend große Schraubgläser oder Gläser mit Bügelverschluss

1 Zimtstange

1 Sternanisblüte (alternativ 2 Nelken)

1 Flasche Whiskey oder Rum nach Belieben

1 Die Zwetschgen waschen, dabei entstielen, in eine Schüssel geben und mit kochendem Wasser übergießen. Kurz ziehen lassen, das Wasser wegschütten. Die Früchte auf einem sauberen Küchentuch trockentupfen, halbieren und dabei die Kerne entfernen.

2 Die halben Zwetschgen oder Pflaumen mit dem Kandiszucker, der zerteilten Zimtstange und Sternanisblüte in verschließbare Gläser schichten. So viel Rum oder Whiskey darübergießen, bis die Früchte damit bedeckt sind. Das Ganze für mindestens 4 Wochen kühl und dunkel stehen lassen.

3 Besoffene Zwetschgen braucht ihr für unser Hasenbratenrezept, ihr könnt sie als Beilage zum Nachtisch servieren oder auch eine leckere Füllung für Wildgeflügel zubereiten! Sie schmecken sowohl auf dem Eis als auch im Sekt vorzüglich!

MINZE TRIFFT SCHOKOLADE:

Schokoglasur schmelzen lassen und Pfefferminzblätter eintauchen. Auf ein mit Alufolie bezogenes Brett legen. Kalt stellen.

Die alte Hahnflinte, ein Erbstück der Familie. Wenn es ganz still ist, könnt ihr den unzähligen Jagdgeschichten längst vergangener Zeiten lauschen, in denen es noch Wild im Überfluss gab.

PECHSALBE

Baumpech hat viele erstklassige Eigenschaften. Neben dem guten Geruch ist es antibakteriell, antiviral, entzündungshemmend, fungizid, keimtötend, wirkt durchblutungsfördernd und zusammenziehend. Einst war die Pechsalbe die wichtigste Heilsalbe in Haus und Hof im ganzen alpenländischen Raum.

Die Heilkraft aus den Tränen der Bäume

ZUTATEN:

100 ml Olivenöl

30 g Pech (Harz von Fichte, Kiefer, Tanne oder Lärche)

20 g Bienenwachs

10 g Wollwachs (Lanolin)

optional getrocknete Ringelblumenblüten, Kamillenblüten

auch zerriebene, getrocknete Wurzeln von Beinwell oder Meisterwurz (Bergwurz) kann man dafür nehmen

zwei leere Gläser (Vorsicht, es bleiben Harzrückstände darin!)

Topf mit Wasser

Leinentuch, altes Sieb oder Ähnliches

1 Olivenöl ins Glas füllen, im Wasserbad erwärmen und das Baumharz darin schmelzen, getrocknete Blüten und Wurzeln mit dazugeben und ziehen lassen.

2 Mit einem Holzlöffel, Stöckchen oder alten Löffel umrühren, bis sich das Harz löst.

3 Rückstände absieben und das im Öl ausgezogene Pech in ein anderes Glas füllen.

4 Das Glas ins Wasserbad stellen, Bienenwachs und Lanolin hinzugeben und unter Rühren schmelzen, bis es sich aufgelöst hat.

5 In desinfizierte Tiegel, Gläser oder Salbenbecher abfüllen, abkühlen lassen, verschließen und beschriften.

6 Diese Salbe ist 2 Jahre haltbar.

TIPP:

Waldarbeiter zerreiben bei Schnitten oder Rissen an den Händen etwas Harz und geben es auf die Wunde, um Infektionen zu vermeiden und die Heilung zu unterstützen.
Auch als Bartwichse ist sie gut verwendbar!

IMPRESSUM

THOMAS HAUSLADEN 1. VORSITZENDER DER JÄGER-KAMERADSCHAFT CHAM E. V.

Ein echter Tausendsassa mit langjähriger jagdlicher Erfahrung im Gepäck. Immer zur Stelle ist er unser Mann für alle Fälle. Mal Frontmann, mal Background, mal Macher oder Kummertante. Bei ihm laufen die Fäden des Vereins zusammen. Als Meister der Kommunikation ein waschechtes Unikat, Glücksgriff und Aushängeschild für unseren Verein. Einen Besseren hätten wir nicht finden können.

DIE JUNGJÄGERBEAUFTRAGTEN DER JÄGERKAMERADSCHAFT CHAM E. V. KERSTIN WAGNER UND FLORIAN HAGN

In ihrer „Jägerschmiede" ist immer etwas geboten. Vom Motorsägenkurs über Erste-Hilfe-Kurse für Jäger und Hund, gemeinsame Kochevents, Bratwurstworkshops, Sammelansitzen auf Fuchs und Krähe, Lockjagdkurse und unzählige andere Angebote wird es mit ihnen nicht langweilig. Und so bleiben die Jägerinnen und Jäger, längst den Jungjägerschuhen entwachsen, meist jahrelang in der vermutlich aktivsten Gruppe der Jungen Jäger in ganz Bayern engagiert.

DIE AUTORIN FÜR DIE GRUPPE DER JUNGEN JÄGER UND 2. VORSITZENDE DER JÄGER-KAMERADSCHAFT CHAM E. V. ANDREA SÜSS

Aufgewachsen in einer Jägersfamilie hat sie von Kindesbeinen an gelernt, das Leben im Einklang mit den Jahreszeiten zu gestalten und damit auch die Qualität einer jeden Zeit zu schätzen und das Beste daraus zu machen. Und so verbrachte sie zwei „Coronawinter" mit der Zusammenstellung der Rezepte, dem Austausch der Gruppe über den gemeinsamen Chat, dem Einarbeiten der Ideen, und wenn es die Beschränkungen zuließen, mit unvergesslichen Kochevents in der Gruppe. Es ist die unglaubliche Kraft der Lebensfreude und Herzlichkeit, mit der sie immer wieder neue Inspirationen und Träume Wirklichkeit werden lässt. Wo andere zweifeln, ob es zu schaffen ist, da hat sie schon lange angepackt und Schritt für Schritt die Träume verwirklicht. Zusammen mit ihrer treuen Jagdgefährtin Nandl (bayerische Form für Anna) bezieht Andrea ihre Inspiration und Passion, aber auch die Gelassenheit und Freude aus der Jagd und durch die Zeit in der Natur.

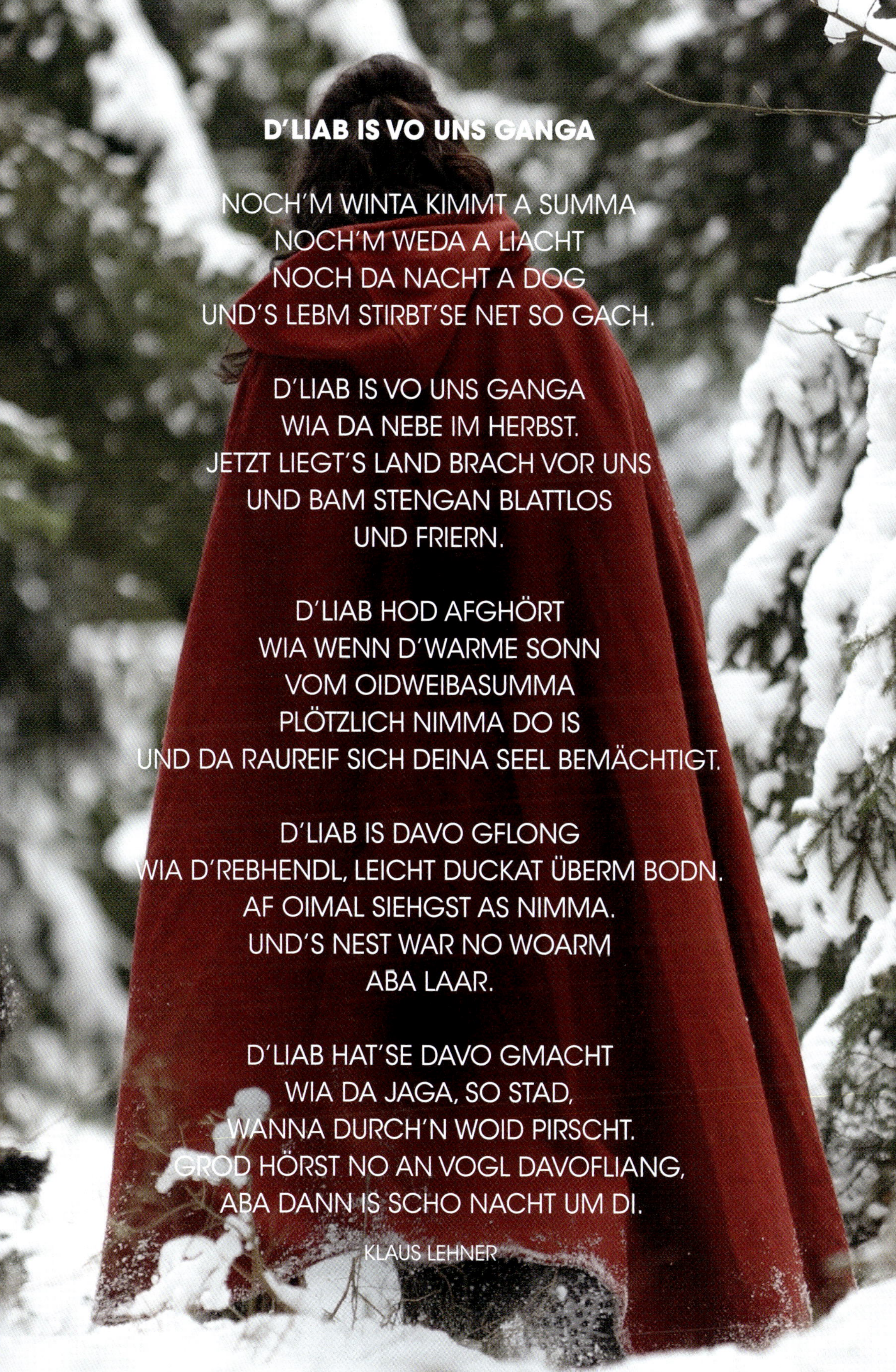

D'LIAB IS VO UNS GANGA

NOCH'M WINTA KIMMT A SUMMA
NOCH'M WEDA A LIACHT
NOCH DA NACHT A DOG
UND'S LEBM STIRBT'SE NET SO GACH.

D'LIAB IS VO UNS GANGA
WIA DA NEBE IM HERBST.
JETZT LIEGT'S LAND BRACH VOR UNS
UND BAM STENGAN BLATTLOS
UND FRIERN.

D'LIAB HOD AFGHÖRT
WIA WENN D'WARME SONN
VOM OIDWEIBASUMMA
PLÖTZLICH NIMMA DO IS
UND DA RAUREIF SICH DEINA SEEL BEMÄCHTIGT.

D'LIAB IS DAVO GFLONG
WIA D'REBHENDL, LEICHT DUCKAT ÜBERM BODN.
AF OIMAL SIEHGST AS NIMMA.
UND'S NEST WAR NO WOARM
ABA LAAR.

D'LIAB HAT'SE DAVO GMACHT
WIA DA JAGA, SO STAD,
WANNA DURCH'N WOID PIRSCHT.
GROD HÖRST NO AN VOGL DAVOFLIANG,
ABA DANN IS SCHO NACHT UM DI.

KLAUS LEHNER

GERHARD LUCKNER, EHRENVORSITZENDER DER JÄGERKAMERADSCHAFT CHAM E.V., AUSGEZEICHNET MIT DEM „EICHENLAUB IN GOLD", DER HÖCHSTEN EHRUNG DES BAYERISCHEN JAGDVERBANDES

Unser aller Fundament, auf das wir bauen konnten. Er hat den Verein aufgebaut zu dem, was er heute ist. Mit dem Kauf des Vereinshauses hat er nicht nur der Jägerkameradschaft Cham eine Heimat gegeben, sondern auch den Grundstein für unseren Ausbildungs- und Prüfungsstandort Cham gelegt. Als Vorstand und Ausbilder hat er sich von unseren gemeinsamen Idealen und der jagdlichen Tradition leiten lassen. In seiner besten Zeit hat er sich ein neues Team gesucht. Er wollte sein Lebenswerk in „guten Händen" wissen. Und das hat er auch geschafft. Durch die Installation des Ehrenausschusses in der Vorstandschaft greift auch hier das Generationenkonzept, und so sehen wir unseren Gerhard als Förderer und Unterstützer, freuen uns über sein Lob und seinen Zuspruch. Gerade in der heutigen Zeit, in der allzu oft Spitzenämter in ihrer Besetzung überaltern, ist er auch hier ein Vorbild für andere.

LICHTWERK FOTOGRAFIE ANNETTE LEX

Die Naturfotografin versteht es auf einzigartige Weise, mit ihrer liebevollen Art die Natur, die emotionale Welt einer Gruppe und natürlich das zauberhafte Essen mit ihrer Kamera einzufangen. Unzählige Stunden hat sie ehrenamtlich für das Kochbuchprojekt der Jungen Jäger aufgewendet. Ihr gilt unser ganz besonderer Dank. Sie gehört zu den wenigen Menschen, die ihr Licht ganz bei sich tragen und so von innen leuchten. Ein echtes Kronjuwel!

FILMPRODUKTION DIGITAL-MEDIA KLAUS SCHIEGL

Lieber Klaus, du hast für uns als unkomplizierter, zuverlässiger, schneller Helfer unser vorhandenes eigenes „Laienfilmmaterial" für die Jagdhundeausbildung so gut aufgewertet, dass wir es tatsächlich in unserem Buch hinterlegen konnten. Auch im Rahmen unserer Ausbildung zum Ablegen der Jägerprüfung wird es uns künftig eine wertvolle Hilfe sein. Es ist doch immer wieder erstaunlich, wie viele Menschen es bei uns doch gibt, die ihre Zeit ganz selbstverständlich und ehrenamtlich zur Unterstützung der Arbeit im Verein ihren Mitmenschen schenken. Menschen wie du, die träumen nicht von einer besseren Welt – sie machen sie.

LEKTORAT: KLAUS LEHNER

Lieber Klaus – last but not least –, dir gilt unser ganz besonderer Dank! In der Endphase der Arbeit an dem Buch warst du plötzlich da, als helfender Geist und Lektor. Du hast sie, die „edlen und selten gewordenen Gaben" der Menschheit. Großherzigkeit, Uneigennützigkeit, Passion, Zuverlässigkeit und Freundlichkeit. Mit deiner Liebe zum Detail, deiner Geduld und viel Feingespür hast du unser „Kochbuch" vollendet und ihm den letzten „Schliff" gegeben. Es war mir eine Ehre, mit dir zu arbeiten, und es ist mir eine Freude, mit dir einen wunderbaren Menschen nun zu meinen Freunden zählen zu können.

Signal:
„Jagd vorbei"

LETZTER BISSEN:

Ein Zweig z. B. von der Fichte, Eiche etc. wird dem frisch erlegten Schalenwild seitlich in den Äser (Maul) gelegt. Er symbolisiert die letzte Mahlzeit vor dem Tode und ist ein Ehrerweis an das Tier, das gestorben ist, damit wir Menschen leben können.

Der letzte Bissen gehört zum jagdlichen Brauchtum wie die Jägersprache und das waidmännische Jagen. Es ist auffallend, dass in allen Teilen der Welt dieses jagdliche Verständnis zur Waidgerechtigkeit vorhanden ist, und es bedeutet, dass nach den Regeln, Sitten und Bräuchen der Jagd im edlen Sinne gehandelt und jegliches unnötige Tierleid vermieden wird.

Oft werden wir gefragt, wie kannst du nur so ein schönes Tier, wie ein Reh, erlegen?
Tatsächlich haben sich viele von uns diese Frage im Laufe des Ablegens der Jägerprüfung auch gestellt und im Vorfeld keine Antwort darauf gefunden.
Ganz oft gibt es aber eine so einfache wie simple Erklärung dazu. In dem Moment, in dem der Entschluss gefallen ist, das Tier zu erlegen, da ist der Kopf plötzlich frei von solchen Gedanken, denn alle unsere Sinne sind in höchster Anspannung, denn der Schuss muss sitzen. Alles muss passen. Es ist für nichts anderes mehr Platz. Es gibt viel zu bedenken. Ist das Schussfeld vor und hinter dem Tier frei? Ist es sicher im Visier? Passt auch wirklich alles? Der Abstand? Steht das Wild richtig? Erst wenn der Schuss gefallen ist, dann fällt auch diese Anspannung. Dann ist man erst einmal froh, wenn alles gut geklappt hat. Und dann sind wir glücklich, dankbar und auch traurig. Alles zusammen – in einem Augenblick!

MITGLIEDER DER GRUPPE JUNGE JÄGER MÖGEN'S WILD

Thomas Hausladen
Andrea & Günter Süß
Kerstin Wagner
Florian Hagn
Sonja Gruber
Monika Zwicknagl
Philipp Rädlinger
Julia Meindl
Sylvia Strauß
Carolin Späth
Matthias Rupprecht
Johannes Huber
Lucia Bauer
Jakob Sirtl
Laura Oberneder
Bernhard Vogl
Martin Penzkofer

BILDNACHWEIS

LICHTWERK FOTOGRAFIE ANNETTE LEX
Titelbild, Seiten 3,7,10–11, 14–15,18–19, 24–29, 32, 34–35, 37, 39–43, 45–51, 52 o, 54, 55 u., 56–57, 61–63, 66–71, 76–80, 82, 83 u., 84, 86–89, 96, 107, 116–119, 122–125, 127–129, 138–139, 150–151, 154–156, 159, 160–161, 163 u., 170–173, 176

ZAUBERWALD
Seiten 12–13, 16, 167, 174–175

LENA RASCH
Seite 90

JOSEFINE WEYER
Seite 91

LISA MÜLLER
Seite 92

THOMAS HAUSLADEN
Seiten 21 u. 81, 105, 120 klein, 146, 165

SYLVIA STRAUSS
Seite 83 o.

GASTHAUS AM ÖDENTURM VIVI D'ANGELO
Seiten 13, 74, 110

GÜNTER & ANDREA SÜSS
Seiten 17, 33, 36, 52 u., 53, 55 o., 58, 64 u., 65, 73 o. u., 75, 85, 94–95, 97, 102, 104, 106, 111–113, 126, 130, 132–135, 137, 142, 145, 148–149, 156, 158, 163 o., 164, 169

KOLMER SIMON
Seiten 20 groß, 21 o.

MARLENE SCHWARZFISCHER & BENEDIKT RAUSCHER@ TRAPPING.LIGHTS
Seiten 38, 44, 73 M., 74 u, 136, 147, 162

ADOBE STOCK
Seiten 72, 103, 114–115, Rückseite Buch

BENTHEIMER LANDSCHWEIN
Seiten 108–109

MILCHHOF IRRGANG LENA-MARIE FISCHER
Seiten 120–121

LUCKNER GERHARD
Seite 131

ANGELIKA SAUERER
Seite 152

SARAH BAUMGARTNER
Seite 153

ANETTE & ROBERT BABL
Seiten 100–101

HOFSTETTER PELZ & DESIGN GMBH & CO. KG, FOTOS: CHRISTOPH RUHLAND UND ANNA HOFSTETTER
Seiten 140–141

ANZEIGE INES BUCHER
Seite 140

USCHI GILLITZER
Seiten 22–23, 30, 64 o. und M., 144

BERL'S BIOMILCHHOF
Seiten 98–99

KOHLBECK MÜHLE
Seite 44 o.

REZEPTNACHWEIS

Neben den Rezepten von den Mitgliedern der Jungen Jäger findet ihr Rezepte von folgenden Buchpartnern:

Klostermühle Cham
Seiten: 25, 27, 47, 79, 87, 117 o., 122, 123, 126 o., 163 u.

Gasthaus Am Ödenturm
Seiten: 31, 36, 37, 75, 111, 126 u., 134 u. 135, 155

Lena-Marie Irrgang
Seite: 121

Präsident des Bayerischen Jagdverbandes
Ernst Weidenbusch
Seite: 53

Jagdkönigin (2017 – 2022)
Lisa Müller
Seiten: 92, 93

… und von unserem
Gerhard Luckner
Seite: 131

Und hier geht es zum Filmbeitrag des Bayerischen Rundfunk mit Paul Enghofer, bei „Zwischen Spessart und Karwendel".

WILDFLEISCH BESTER QUALITÄT
BEKOMMT IHR VOM JÄGER IN
EURER REGION.
jagd_cham
Ihr kennt „EUREN" Jäger nicht?
Schreibt einfach eine Mail an:
Jaegerkameradschaft-cham@outlook.de.
Gerne vermitteln wir euch weiter und kümmern
uns darum, dass auch ihr in den Genuss unseres
köstlichen Wildfleisches kommt.

»Manfred Probst (…) erleichtert mit präzisen Beschreibungen und Hinweisen die Routenvorbereitung und steigert die Lust, die Wanderstiefel zu schnüren.«

Karl-Heinz Paulus, Schöner Bayerischer Wald

Manfred Probst
Wandern im Passauer Land
Entdecker-Touren
rund um Passau
1. Auflage 2022, 144 Seiten
ISBN 978-3-95587-795-8
Preis: 17,90 €

M. Hiergeist & H.-P. Müller
Wanderführer Bayerisches Donautal & Klosterwinkel
Entdecker-Touren zwischen
Deggendorf und Passau
1. Auflage 2022, 144 Seiten
ISBN 978-3-95587-797-2
Preis: 17,90 €

»(…) macht Lust, die reizvolle Landschaft abseits viel besuchter Wanderwege zu entdecken.«

Deggendorfer Zeitung

Sonja Berndl · **Wandern im Bayerischen Wald**
Natur genießen zwischen
Deggendorf, Zwiesel
& Spiegelau
1. Auflage 2022, 144 Seiten
ISBN 978-3-95587-783-5
Preis: 17,90 €

Sonja Berndl
Wanderführer Lallinger Winkel und Sonnenwald
Die schönsten Touren zwischen
Deggendorf und Schönberg
1. Auflage 2021, 144 Seiten
ISBN 978-3-95587-770-5
Preis: 16,90 €

Alle Bücher dieser Doppelseite:
Format 13,5 x 20,5 cm,
durchgehend farbig,
Broschur mit
Drahtkammbindung

Josef Ertl & Johann Fischaleck
Wandern zwischen Donau und Isar
Die schönsten Touren zwischen Regensburg, Straubing, Landshut und Kelheim
1. Auflage 2021, 144 Seiten
ISBN 978-3-95587-779-8
Preis: 16,90 €

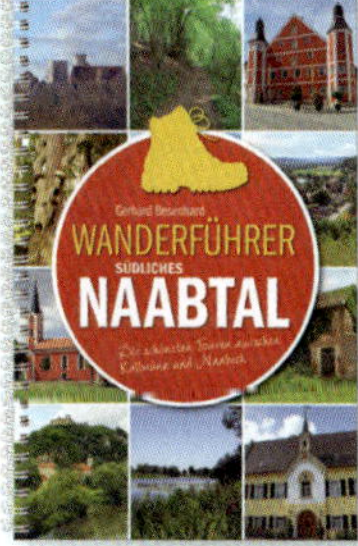

Gerhard Besenhard
Wanderführer südliches Naabtal
Die schönsten Touren zwischen Kallmünz und Naabeck
1. Auflage 2019, 120 Seiten
ISBN 978-3-95587-059-1
Preis: 16,90 €

Cornelia Fuchs & Dieter Herrmann
Wandern in und um Freising, Erding & Moosburg / Isar
Genuss-Touren im Münchner Umland
1. Auflage 2023, ca. 144 Seiten
ISBN 978-3-89251-540-1 · Preis: 17,90 €

Die vielfältigen Rundwanderungen führen Sie durch die engen Gassen und Parks dieser anmutigen Kleinstädte, ebenso aber gibt es Touren entlang der schönen Flüsse, über Felder und durch Wälder, zu Badeseen, Kapellen oder Kirchen und vielen anderen Sehenswürdigkeiten im Umland. Gehen Sie mit diesem Wanderführer auf Entdeckungsreise!

- exakte Tourenbeschreibungen, Infos zur Wegbeschaffenheit
- detaillierte Karten mit Höhenprofil & verlässliche GPS-Daten
- Infos zu Parkmöglichkeiten, Einkehrtipps

Uwe Stanke · **Wanderführer Straubing-Bogen**
Die schönsten Touren zwischen Straubing und Sankt Englmar
Überarbeitete 3. Auflage 2022, 144 Seiten
ISBN 978-3-95587-810-8
Preis: 17,90 €

Uwe Stanke
Wanderführer Straubing · Roding · Cham
Die schönsten Touren zwischen Straubing und Waldmünchen
1. Auflage 2021, 144 Seiten
ISBN 978-3-95587-768-2
Preis: 16,90 €

M. Urban & T. Roßmann
Abenteuer Hallertau
Micro Adventures im Hopfenland
1. Auflage 2022, 216 Seiten, Format 17 x 24 cm, durchgehend farbig, Broschur
ISBN 978-3-95587-794-1
Preis: 19,90 €

M. Ehrensberger · **Wanderführer Oberpfälzer Jura & Tal der Schwarzen Laber**
Die schönsten Touren zwischen Neumarkt und Regensburg
1. Auflage 2022, 144 Seiten
ISBN 978-3-95587-407-0
Preis: 17,90 €

Hubert Zaremba
Wanderführer Hirschwald
Die schönsten Touren zwischen Amberg, Kastl und Schmidmühlen
1. Auflage 2022, 128 Seiten
ISBN 978-3-95587-084-3
Preis: 17,90 €

Heiko Gietlhuber
Wanderführer Vorderer Bayerischer Wald
Die 30 schönsten Touren zwischen Regensburg, Straubing & Cham
1. Auflage 2021, 168 Seiten
ISBN 978-3-95587-787-3
Preis: 17,90 €

Format 13,5 x 20,5 cm, durchgehend farbig, Broschur

In der Oberpfalz, ganz im Norden, im **Landkreis Tirschenreuth,** lässt es sich wunderbar radeln!

In der abwechslungsreichen Mittelgebirgslandschaft am böhmischen Grenzkamm finden Sie gut ausgebaute Radwege, die sich für kürzere und längere Touren eignen, für Genussradler und Familien ebenso wie für sportlich Ambitionierte.
Durchqueren Sie mit Ihrem Rad die wunderschöne Tirschenreuther Teichpfanne, radeln Sie auf den Spuren der Mönche durch das Stiftland oder kommen Sie über eine ganz besondere Leiter dem Oberpfälzer Himmel näher. Erkunden Sie Naturschutzgebiete, Burgen, Schlösser und Vulkane – und das alles auf zwei Rädern! Und dann, natürlich durch nichts zu ersetzen, gibt es als Belohnung fürs fleißige Radeln in einer der vielen Gaststätten der Region eine zünftige Brotzeit mit einem richtig guten „Zoigl"!

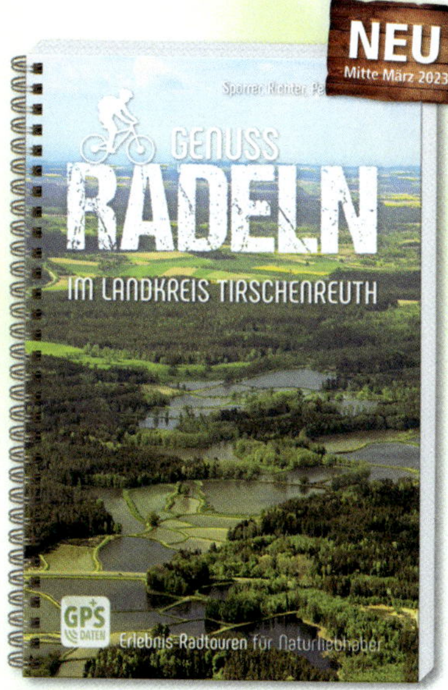

Thomas Sporrer, Gerhard Richter,
Bernhard Person & Helmut Pürner
Genussradeln im Landkreis Tirschenreuth
Erlebnis-Radtouren für Naturliebhaber
1. Auflage 2023, ca. 168 Seiten
ISBN 978-3-95587-089-8 · Preis: 17,90 €

Uwe Neumann
Genussradeln im Bayerischen Wald
33 Erlebnis-Radtouren
für Naturliebhaber
2. Auflage 2022, 176 Seiten
ISBN 978-3-95587-791-0
Preis: 19,90 €

»Allein die abwechslungsreiche Vielfalt macht das Buch lesenswert.«
bayernbike.de

Endlich gibt es ihn – einen Wanderführer für diese zauberhafte Region zwischen Deggendorf und Viechtach! Mitten in der urwüchsigen Landschaft erhebt sich der Namenspatron der Ferienregion, der Hirschenstein (1.095 m) – mit gemauertem Aussichtsturm und herrlichen Fernblicken: nach Südwesten über die Donauebene bis zum Alpenrand und nach Osten zur Bergkette der Bayerwald- und Böhmerwaldberge. Aber nicht nur auf höheren Lagen lockt die Natur. Die Gegend zwischen Deggendorf, Bernried und Viechtach fasziniert mit abwechslungsreichen Landschaften. Der Wanderführer ist für Einheimische ebenso geeignet wie für Touristen, für den Spaziergänger und den anspruchsvollen Wanderer, für Familien und auch für den Naturliebhaber, der allein durch die Gegend streifen will. Er zeigt Ihnen bekannte Routen zu den „Klassikern“ der Gegend, Hirschenstein und Vogelsang, ebenso wie weniger bekannte Wege.

Alexandra Linzmeier
Genusswandern Hirschenstein & Umgebung
Wanderführer für die Region
zwischen Viechtach & Deggendorf
1. Auflage 2023, ca. 144 Seiten
ISBN 978-3-95587-805-4 · Preis: 17,90 €

- (Rund-)Touren für jede Jahreszeit, mit unterschiedlichen Längen und Schwierigkeitsgraden
- übersichtliche Karten inkl. Höhenprofil, GPS-Daten, Infos zu Wegbeschaffenheit, Parkplatzmöglichkeiten etc.
- Hinweise zu kulturellen Kulturgütern, Besichtigungsmöglichkeiten u. v. m.

Alle Bücher dieser Doppelseite:
Format 13,5 x 20,5 cm, durchgehend farbig, Broschur mit Drahtkammbindung

Entdecken Sie die landschaftliche Vielfalt rund um Regensburg! Die Stadt liegt inmitten dreier ganz verschiedener Landschaftsformen: Im Nordosten befindet sich die kleingliedrige Hügellandschaft des Vorwaldes mit markanten Granitblöcken und Felsmeeren. Südlich der Donau liegt die Ebene des Gäubodens, von Feldern und Wiesen dominiert. Und im Westen sind die Bergrücken und Flusstäler des burgenreichen Bayerischen Jura zu bestaunen.
Die Touren im vorliegenden Wanderführer sind ausschließlich als Rundtouren, circa 10 Kilometer lang, konzipiert. Sie richten sich an Genusswanderer sowie Naturliebhaber und sind auch für Gelegenheitswanderer gut zu bewältigen. Der Wanderführer begleitet Sie zu vielen Highlights der Region, überrascht aber auch mit neuen, noch eher unbekannten Touren.

Doris Becher-Hedenus & Michael Hedenus
Genusswandern Regensburg
Wanderführer für Regensburg & Umgebung
1. Auflage 2023, ca. 144 Seiten
ISBN 978-3-95587-421-6 · Preis: 17,90 €

„Genusswandern Regensburg" bietet Ihnen :

- exakte Tourenbeschreibungen
- Infos zu Wegbeschaffenheit
- detaillierte Karten mit Höhenprofil
- verlässliche GPS-Daten
- Infos zu Parkmöglichkeiten
- vielfältige Einkehrtipps
- spannende Hintergrundinfos zu Sehenswürdigkeiten entlang des Weges

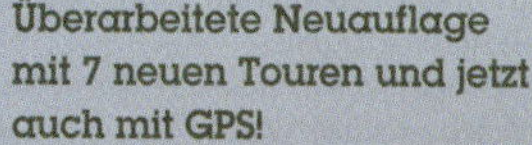

Abwechslungsreiche Touren, für jeden Anspruch die passende Herausforderung. Zu allen Strecken gibt es detaillierte Wanderkarten mit Höhenprofil, zahlreiche Bilder sowie verlässliche GPS-Daten. Auf geht's!

Gerhard Besenhard
Genusswandern Regental zwischen Regensburg, Regenstauf & Nittenau
Überarbeitete 4. Auflage 2023, ca. 144 S.
ISBN 978-3-95587-100-0 · Preis: 17,90 €

Martin Ehrensberger
Genusswandern Bayerischer Jura
Wanderführer für die Region
zwischen Regensburg & Neumarkt
1. Auflage 2023, ca. 152 Seiten
ISBN 978-3-95587-419-3 · Preis: 17,90 €

Entdecken Sie den Bayerischen Jura!

Tauchen Sie ein in eine Wanderwelt der Kontraste, die sowohl touristische Highlights als auch weniger bekannte Orte für Sie bereithält. Besuchen Sie die Kalktuffterrassen bei Holnstein, den Teufelsfelsen bei Riedenburg, die Wodansburg bei Beilngries oder die Räuberhöhle bei Etterzhausen. Genießen Sie das Flair entlang der Flußufer von Vils, Laber, Naab, Altmühl und Donau, die Abgeschiedenheit und Ruhe auf malerischen Waldpfaden, entdecken Sie viele geologisch markante Besonderheiten und beeindruckende landschaftliche Weiten.
Auf insgesamt 250 Kilometern lernen Sie mit diesem Wanderführer den Bayerischen Jura auf abenteuerliche Art und Weise kennen – und lieben!

- spannende Rundtouren
- Infos zu Wegbeschaffenheit
- exakte Tourenbeschreibungen
- detaillierte Karten mit Höhenprofil
- Infos zu Parkmöglichkeiten
- verlässliche GPS-Daten
- Einkehrtipps für die verdiente kulinarische Stärkung zwischendurch

Alle Bücher dieser Doppelseite:
Format 13,5 x 20,5 cm,
durchgehend farbig,
Broschur mit
Drahtkammbindung

Georg Luft
Burgen, Ritter, Schlossgespenster
Abenteuer-Wanderungen
in der südlichen Oberpfalz
1. Auflage 2021, 160 Seiten
ISBN 978-3-86646-396-7
Preis: 16,90 €

Abenteuertouren rund um Burglengenfeld, Neunburg vorm Wald, Oberviechtach & Nabburg

Ein aufgelassenes Bergwerk der 1960er Jahre entdecken? Unter Renaissance-Arcaden lustwandeln? Oder ein bisschen mit den Dinosauriern im Jurameer plantschen?

Mit diesem Wanderführer bringt Sie Outdoor-Experte Georg Luft so richtig auf Touren! Auf 20 Zeitreisen-Wanderungen können Sie entdecken, was die Region Schwandorf so alles für Sie bereithält.

- abenteuerliche Rundtouren
- exakte Tourenbeschreibungen, Infos zu Wegbeschaffenheit
- detaillierte Karten mit Höhenprofil, verlässliche GPS-Daten
- Infos zu Parkmöglichkeiten und Einkehrtipps

Georg Luft
Erlebniswandern Schwandorf & Umgebung
Abenteuer-Touren rund um
Burglengenfeld, Neunburg vorm Wald,
Oberviechtach & Nabburg
1. Auflage 2023, ca. 160 Seiten
ISBN 978-3-95587-418-6 · Preis: 17,90 €

Georg Luft
Burgen-Wanderungen im Herzen der Oberpfalz
Spannende Touren zwischen Seen, Wäldern und Ruinen
1. Auflage 2022, 160 Seiten
ISBN 978-3-95587-411-7
Preis: 17,90 €

»Man merkt, dass Georg Luft jährlich bis zu 1.000 Wanderkilometer in der Oberpfalz zurücklegt.«
burgen.de

Unheimliche Orte unserer Region entdecken!

»Buch mit Gänsehaut-garantie«
Ingmar Schweder, AZ München

Christian Baier & Peter Litvai
Von Hexen, Geistern und Verbrechern
Ein Rundgang zu den unheimlichsten Orten in Landshut
1. Auflage 2021, 160 Seiten
ISBN 978-3-95587-781-1 · Preis: 17,90 €

»Das ganze Jahr Nerven-kitzel«
Der Neue Tag

Wolfgang Benkhardt
Von Hexen, Geistern und Verbrechern
Die unheimlichsten Orte im Landkreis Tirschenreuth
1. Auflage 2022, 160 Seiten
ISBN 978-3-95587-096-6 · Preis: 17,90 €

»Ein Highlight für jedes Buchregal«
Juraland-Magazin

Julia Kathrin Knoll & Christian Greller
Von Hexen, Geistern und Verbrechern
Die unheimlichsten Orte im Landkreis Schwandorf
1. Auflage 2021, 168 Seiten
ISBN 978-3-86646-399-8 · Preis: 17,90 €

»Ein Stadt-führer der besonderen Art«
Susanne Wolke, Neuer Tag

Julia Kathrin Knoll & Christian Greller
Von Hexen, Geistern und Verbrechern
Ein Rundgang zu den unheimlichsten Orten in Regensburg und Umgebung
Überarb. und erweiterte 2. Aufl. 2021, 176 S.
ISBN 978-3-95587-401-8 · Preis: 17,90 €

Format 13,5 x 20,5 cm, durchgehend farbig, Broschur

Regionale Gastronomie genießen!

G. Kiesl & C. Greller
Die schönsten Wirtshäuser in Stadt und Landkreis Cham
1. Aufl. 2021, 128 S.
978-3-95587-076-8
Preis: 19,90 €

Heidi Eichner & Christian Baier
Die schönsten Wirtshäuser in Landshut und Umgebung
1. Aufl. 2018, 200 S.
978-3-95587-720-0
früher: ~~19,90 €~~

Kerstin & Dima
Die schönsten Wirtshäuser in Straubing und Umgebung
240 Seiten
978-3-86646-776-7
früher: ~~19,90 €~~

Kristina Sandig
Die schönsten Wirtshäuser in Amberg und Umgebung
200 Seiten
978-3-95587-047-8
früher: ~~19,90 €~~

17 x 24 cm, durchgehend farbig, Hardcover

NEUAUFLAGE
vorauss. lieferbar ab Mitte Mai 2023

Wolfgang Benkhardt (Hg.)
Die schönsten Ausflüge in der Region Oberpfalz
„Best of" der beliebten Serie der Oberpfalz Medien
1. Auflage 2023, ca. 208 Seiten,
Format 13,5 x 20,5 cm,
durchgehend farbig, Broschur
ISBN 978-3-95587-095-9 · Preis: 19,90 €

Die schönsten Touren aus „Ausflüge in der Region Oberpfalz" und „Noch mehr Ausflüge in der Region Oberpfalz" **jetzt in einem Band!**

Verband deutscher Schriftstellerinnen und Schriftsteller Ostbayern

Schauriges Ostbayern
Unheimliche Ereignisse und geheimnisvolle Geschichten
Überarbeitete 3. Auflage 2018, 168 Seiten
ISBN 978-3-95587-751-4
Preis: 19,90 €

Phantastisches Ostbayern
Märchenhafte Geschichten und wundersame Ereignisse
216 Seiten
ISBN 978-3-86646-787-3
Preis: 16,90 €

Mörderisches Ostbayern
Verbrecherische Gedanken und seltsame Todesfälle
1. Auflage 2018, 248 Seiten
ISBN 978-3-95587-721-7
Preis: 19,90 €

Verführerisches Ostbayern
Sinnliche Begegnungen und leidenschaftliche Romanzen
1. Auflage 2019, 216 Seiten
ISBN 978-3-86646-738-5
Preis: 19,90 €

Weihnachtliches Ostbayern
Winterliche Geschichten und himmlische Ereignisse
1. Auflage 2020, 192 Seiten
ISBN 978-3-95587-747-7
Preis: 19,90 €

Genussvolles Ostbayern
Kulinarische Geschichten und raffinierte Rezepte
1. Auflage 2021, 208 Seiten
ISBN 978-3-95587-780-4
Preis: 19,90 €

Format 13,5 x 20,5 cm, mit s/w-Abbildungen, Hardcover

Sie möchten wissen, welche unbekannten Begebenheiten hinter alten Fassaden, weltbekannten Denkmälern, verborgenen Plätzen und idyllischen Gassen der Stadt stecken? Was Mauern heimlich denken, Brunnen einst erlebt haben, steinerne Zeitzeugen vielleicht besser wissen als wir? „Rendezvous mit Regensburg" erzählt diese Geschichten – augenzwinkernd, in lockerem Ton und mit einem neuen Blick auf besondere Orte und ihre Bedeutung für die Stadt.

Die Autorinnen und Autoren des Schriftstellerverbands Ostbayern haben sich dazu in kurzen Texten mit unterschiedlichem Blick auf die Stadt beschäftigt, zeigen neue Perspektiven und erzählen ihre Versionen dazu – von humorvoll bis nachdenklich. Mit stimmungsvollen Fotografien von Christian Greller fügen sich die Geschichten zu einem Stadtführer der besonderen Art und gleichzeitig einem literarischen Stelldichein mit einer außergewöhnlichen Stadt.

Verband deutscher Schriftstellerinnen und Schriftsteller Ostbayern (Hg.) & Christian Greller Fotografie
Rendezvous mit Regensburg
Besondere Orte und ihre verborgenen Geschichten
1. Auflage 2023, ca. 160 S., Format 13,5 x 20,5 cm, durchgehend farbig, Broschur
ISBN 978-3-95587-420-9 · Preis: 19,90 €

Verband deutscher Schriftstellerinnen und Schriftsteller Ostbayern (Hg.) & Christian Greller Fotografie
Geheimnisvolles Ostbayern
Mystische Ereignisse & unheimliche Geschichten
1. Auflage 2022, 192 Seiten
ISBN 978-3-95587-804-7 · Preis: 19,90 €

Isolde Stöcker-Gietl
Auf den Spuren des Todes
Wahre Verbrechen in Ostbayern
2. Aufl. 2022, 200 Seiten,
s/w bebildert
ISBN 978-3-86646-387-5
Preis: 17,90 €

Dieses Buch widmet sich wahren Verbrechen, die sich in der Oberpfalz und in Niederbayern zugetragen haben. Gewalttaten, die aus tiefer Verzweiflung, Rache oder Wut geschahen. Morde, die ausschließlich der Lustbefriedigung dienten. Tötungsdelikte, die so geschickt vertuscht wurden, dass die Kripo an ihre Grenzen stieß. Die Autorin hat für dieses Buch Gespräche mit Ermittlern, Richtern, Verteidigern und Journalisten geführt. Sie hat, soweit dies möglich war, auch Angehörige und enge Vertraute der Opfer befragt. So wird der Blick nicht ausschließlich auf die Täter und die geklärten und ungeklärten Taten gerichtet, auch die Opfer erhalten eine Stimme. Die Recherchen ermöglichen dem Leser zudem Einblicke in die Arbeit der Ermittlungsbehörden. Mit immer ausgefeilterer Labortechnik können auch Altfälle gelöst werden. Kein Täter – und liegt das Verbrechen noch so lange zurück – kann sich sicher fühlen. Das belegen die Beispiele aus diesem Buch.

»Sie widmet sich mehr den Menschen als den Taten an sich. Dabei gelingt ihr der passende Tonfall, sie gleitet nie ins Reißerische.«
Johann Osel, Süddeutsche Zeitung

Udo Bürger
Historische Kriminalfälle in Franken und Schwaben von 1815 bis 1936
1. Auflage 2018, 272 Seiten, s/w bebildert
ISBN 978-3-95587-732-3 · Preis: 16,90 €

Fred Haller & Karl Kieslich
Matzeder – Räuber, Mörder, Delinquent Altbayern 1810 – 1851
2. Auflage 2018, 192 Seiten
ISBN 978-3-95587-733-0 · Preis: 14,90 €

Format 13,5 x 20,5 cm, Broschur

Bücher von **Johann Dachs**

Historische Kriminalfälle aus Niederbayern und der Oberpfalz 1844–1946

Seit Menschengedenken sind Habgier, Eifersucht, Hass und zügellose Rachsucht die Triebfedern zu schaurigen Verbrechen. In akribischer Kleinarbeit anhand der Ermittlungsakten hat der Autor die Atmosphäre dieser vergangenen Dramen eingefangen und in spannenden, wahren Kriminalgeschichten festgehalten.

Wahre Mordgeschichten
Kriminalfälle aus
Niederbayern und der Oberpfalz
s/w bebildert, mit Fotos von Claudia Gregor
4. Auflage 2023, 160 Seiten,
Format 13,5 x 20,5 cm, Hardcover
ISBN 978-3-95587-425-4 · Preis: 16,90 €

Tod im Wald
Wahre Geschichten von
Wilderei und Förstermord
3. Auflage, 112 Seiten,
Format 13,5 x 20,5 cm,
s/w bebildert, Broschur
ISBN 978-3-86646-778-1
Preis: 11,90 €

Verurteilt und hingerichtet
Berühmte Kriminalfälle aus der
Oberpfalz und Niederbayern
2. Auflage, 144 Seiten,
Format 13,5 x 21,5 cm,
Broschur
ISBN 978-3-86646-769-9
Preis: 11,90 €

Tod durch das Fallbeil
Der deutsche Scharfrichter
Johann Reichhart (1893–1972)
2. Auflage, 160 Seiten,
Format 13,5 x 20,5 cm,
Hardcover
ISBN 978-3-934863-84-2
Preis: 11,90 €

Krimis von Marion Stadler

Bayernhymne
Ein Altmühltal-Krimi mit Herz
3. Auflage 2021,
256 Seiten
ISBN
978-3-95587-707-1
Preis: 16,90 €

Ein idyllischer Markt im Altmühltal, eine Babyleiche im Altwasser des Rhein-Main-Donau-Kanals und eine unerfahrene, überforderte Kommissarin …

Dorfdisco
Ein Provinz-Krimi mit Herz
1. Auflage 2020,
248 Seiten
ISBN
978-3-95587-754-5
Preis: 16,90 €

Eine verkohlte Leiche, ein verliebter Mathelehrer und ein perverser Stalker …

»Sehr empfohlen für Liebhaber von Heimat-Krimis!«
Juraland

Felsenkraxler
Ein Provinz-Krimi mit Herz
1. Auflage 2021,
280 Seiten
ISBN
978-3-95587-765-1
Preis: 17,90 €

Ein grauenvoller Fund, eine düstere Familiengeschichte und ein hinterfotziger Giftmörder …

Kirchenasyl
Ein Provinz-Krimi mit Herz
1. Auflage 2022,
280 Seiten
ISBN
978-3-95587-796-5
Preis: 17,90 €

Ein Schwerverletzter in der Kirche, eine verschwundene Beute – und eine Kommissarin mit Schneid!

Format 13,5 x 20,5 cm, Broschur

Historischer Roman – basierend auf wahren Begebenheiten

Am Abend des 16. Juli 1945 bleibt nahe dem Dorf Aßling in Oberbayern ein Zug liegen. Die 1200 Soldaten an Bord haben den Horror des Krieges überlebt, endlich dürfen sie nach Hause. Doch nicht alle werden ihr Ziel erreichen …
Die auf einer wahren Begebenheit basierende Geschichte zeigt ein Dorf an einer radikalen Zeitenwende – und hebt dabei ein beinahe vergessenes historisches Ereignis ans Licht: das schwerste Zugunglück in Deutschland nach dem Zweiten Weltkrieg.

»Ein sprachlich brilliantes Sittengemälde einer Dorfgesellschaft im Ausnahmezustand.«
Thorsten Rienth, Süddeutsche Zeitung

Simon Viktor · **Durch die Welt ein Riss**
Das Zugunglück von Aßling 1945 – Geschichte einer Tragödie
1. Auflage 2022, 200 Seiten,
Format 13,5 x 20,5 cm, Broschur
ISBN 978-3-95587-799-6 · Preis: 16,90 €

In Salzburg grassiert die Pest. Hilflos ob der übermächtigen Krankheit flieht der noch unerfahrene Arzt Simon Sandtner aus seiner Heimatstadt. In einer kleinen bayerischen Ortschaft findet er Zuflucht und in dem dort ansässigen Bader einen Lehrmeister. Er verliebt sich in die junge Wirtstochter Magdalin. Doch schon bald zieht sich die Schlinge um Simon zu – und das Fieber rückt näher …

Fred Haller
Das große Fieber · Die Chroniken des Physikus
1. Auflage 2020, 176 Seiten, Format 13,5 x 20,5 cm, Broschur
ISBN 978-3-95587-766-8 · Preis: 14,90 €

Manfred Böckl
Prophet der Finsternis
Leben und Visionen des Alois Irlmaier · Roman
5. Auflage 2022, 304 Seiten, Hardcover
ISBN 978-3-95587-809-2
Preis: 19,90 €

Egon M. Binder
Alois Irlmaier 1894–1959
Der Seher von Freilassing · Prophezeiungen
4. Auflage 2022, 72 Seiten, mit s/w-Abbildungen, Broschur
ISBN 978-3-86646-781-1
Preis: 9,90 €

Manfred Böckl
Prophezeiungen zum Dritten Weltkrieg
3. Auflage 2022, 136 Seiten, Broschur
ISBN 978-3-95587-807-8
Preis: 14,90 €

Format je 13,5 x 20,5 cm

Erleben Sie die schaurige Seite Niederbayerns und der Oberpfalz!

Format 21 x 28 cm, durchgehend farbig, Hardcover

Passau
Landshut
Deggendorf
Konzell
Abensberg
Straubing
Pfarrkirchen
Regen
Vilshofen
Ringelai
Freyung

Gabriele Kiesl & Michael Cizek
Mystisches Niederbayern
1. Auflage 2018, 144 Seiten
ISBN 978-3-95587-738-5 · Preis: 24,90 €

Burgstall Rauhenkulm · Burg Leuchtenberg · Burgruine Wolfstein · Burg Falkenberg · Burg Parsberg · Burgruine Frauenstein und viele mehr!

Gabriele Kiesl & Michael Cizek
Mystische Burgen in der Oberpfalz
1. Auflage 2019, 144 Seiten
ISBN 978-3-95587-050-8 · Preis: 24,90 €

Johann Härtl · **Resl von Konnersreuth**
Leben und Wirken meiner
Großtante Theres Neumann
1. Auflage 2022, 208 S., Format 22 x 20,5 cm,
s/w bebildert, Hardcover
ISBN 978-3-95587-087-4 · Preis: 24,90 €

Vor knapp 100 Jahren erlangte die Marktgemeinde Konnersreuth weltweite Bekanntheit. Von 1926 bis 1962 sahen Tausende, wie die „Resl von Konnersreuth" die Passion Christi durchlitt und ihre Wundmale dabei bluteten. Im Februar 2005 leitete der damalige Bischof von Regensburg den Seligsprechungsprozess für Theres Neumann ein. Der Autor, Großneffe von Theres Neumann, hat jahrelang über das Leben und Wirken seiner Großtante recherchiert. In seinem Buch befasst er sich mit ihrem Leben und beleuchtet auch weniger bekannte Aspekte, etwa ihre Rolle beim Widerstand des „Konnersreuther Kreises" gegen Hitler. Bislang teilweise unveröffentlichte Informationen, Dokumente und Zusammenhänge sind in kompakter, übersichtlicher Form zusammengestellt.

Mühlhiasl – Prophezeiungen des Waldpropheten

Manfred Böckl
Der Mühlhiasl
6. Auflage 2020, 96 Seiten,
mit s/w-Abbildungen,
Hardcover
ISBN 978-3-95587-057-7
Preis: 11,90 €

Andreas Zeitler
Die Prophezeiungen
des Mühlhiasl
11. Auflage 2022, 64 Seiten,
Broschur
ISBN 978-3-95587-817-7
Preis: 8,90 €

Manfred Böckl · **Mühlhiasl**
Der Seher vom Rabenstein
Roman
11. Auflage 2022, 272 Seiten,
Hardcover
ISBN 978-3-95587-819-1
Preis: 17,90 €

Wolfgang Benkhardt & Siegfried Steinkohl
Steinreich – Wildromantisches Waldnaabtal
1. Auflage 2021, 128 Seiten
ISBN 978-3-95587-086-7 · Preis: 24,90 €

Berndt Fischer
Das Grüne Dach Europas
144 Seiten
ISBN 978-3-935719-85-8 · früher: ~~24,95 €~~

Steffen Krieger
Die Schönheit des Augenblicks
Natur im Nationalpark Bayerischer Wald
1. Auflage 2018, 176 Seiten
ISBN 978-3-86646-786-6 · früher: ~~29,90 €~~

Berndt Fischer · **Wildfremd**
Geheimnisse zwischen Bayern und Böhmen
1. Auflage 2020, 176 Seiten, 30,3 x 24 cm,
durchgehend farbig, Hardcover
ISBN 978-3-95587-075-1 · Preis: 29,90 €

Günter Moser & Bernhard Setzwein
Die Oberpfalz
Weites Land, weite Blicke
2. Auflage, 176 Seiten
ISBN 978-3-935719-88-9 · früher: ~~29,95 €~~

G. Moser, B. Setzwein & M. Conrad
Oberpfälzer Burgen
Eine Reise zu den Zeugen der Vergangenheit
2. Auflage, 140 Seiten
ISBN 978-3-935719-54-4 · früher: ~~24,80 €~~

Format 27 x 24 cm, durchgehend farbig, Hardcover

Bildbände von Kai Ulrich Müller

Faszination Heimat
Straubing und der Landkreis Straubing-Bogen
1. Auflage 2021, 144 Seiten,
Format 21 x 29,7 cm,
durchgehend farbig, Hardcover
ISBN 978-3-95587-778-1 · Preis: 29,90 €

Faszination Heimat
Schwandorf Stadt und Landkreis
1. Auflage 2020, 144 Seiten,
Format 21 x 29,7 cm,
durchgehend farbig, Hardcover
ISBN 978-3-86646-388-2 · Preis: 29,90 €

Faszination Bayerischer Wald
Überarbeitete 2. Auflage 2022, 244 Seiten,
Format 24 x 32 cm, durchgehend farbig, Hardcover
ISBN 978-3-95587-816-0 · Preis: 39,90 €

Der Bayerische Wald in fantastischen Bildern!

Nach jahrzehntelanger Abgeschiedenheit an der Grenze zum sogenannten „Eisernen Vorhang" präsentiert sich der Bayerische Wald heute – zusammen mit dem Nationalpark Šumava auf der tschechischen Seite – als das letzte große Urwaldgebiet Mitteleuropas. Eindrucksvolle Gipfel wie Großer und Kleiner Arber, Rachel oder Lusen, abgeschiedene Hochmoore, wildromantische, düstere Schluchten und weite, liebliche Ausblicke auf sanfte Bergrücken und grüne Täler verleihen dem Bayerischen Wald seinen einzigartigen Charme. In den wunderschönen Aufnahmen von Kai Ulrich Müller spiegelt sich die ganze Vielfalt des Bayerischen Waldes wider.

Jürgen Schuller
Faszinierende Bäume in der Oberpfalz
Baumgeschichte(n) · Biologie · Mythologie
Überarbeitete und erweiterte 2. Auflage 2022, 176 Seiten, Format 21 x 28 cm, durchgehend farbig, Hardcover
ISBN 978-3-95587-094-2 · Preis: 29,90 €

Jürgen Schuller
Faszinierende Bäume in Niederbayern
Baumgeschichte(n) · Biologie · Mythologie
1. Auflage 2022, 168 S., Format 21 x 28 cm, durchgehend farbig, Hardcover
ISBN 978-3-95587-792-7 · Preis: 29,90 €

»Einmalige hölzerne Typen«
Hans Kratzer,
Süddeutsche Zeitung

Jürgen Schuller, Jahrgang 1968, hat Biologie studiert und unterrichtet heute am Gymnasium. Seit 2018 begeistert er mit seinen „Baumgeschichten" bei Vorträgen, in den sozialen Medien sowie auch in Fernsehen und Rundfunk. 2020 erschien sein Erstlingswerk „Faszinierende Bäume in der Oberpfalz" – ein großer Erfolg, mittlerweile in der überarbeiteten 2. Auflage! 2022 schickte er direkt sein zweites Buch, „Faszinierende Bäume in Niederbayern", nach. Auch darin erfahren Sie wieder Spannendes und Wissenswertes rund um Biologie, Geschichte und Mythologie der Bäume.

Alle wichtigen Infos vom Schwammerl-Experten: Norbert Griesbacher ist Gründungsmitglied der Bay. Mykologischen Gesellschaft (BMG) und Pilzsachverständiger der Deutschen Gesellschaft für Mykologie (DGfM)!

Norbert Griesbacher
Schwammerlsuche in Bayern
Heimische Speisepilze sammeln, bestimmen und verarbeiten, Giftpilze sicher erkennen!
3. Auflage 2019, 200 S., Format 12,5 x 19 cm, durchgehend farbig, Broschur
ISBN 978-3-95587-739-2 · Preis: 14,90 €

Andreas Heidinger
Mit Bienen die Welt retten
Neue Wege in Imkerei und Bienenhaltung für Stadt, Land und Landwirtschaft. Naturgemäß, ertragreich, ökologisch, gesund
1. Auflage 2022, 160 Seiten, Format 17 x 24 cm, durchgehend farbig, Klappenbroschur
ISBN 978-3-95587-798-9
Preis: 19,90 €

Sie möchten mehr über nachhaltiges Imkern lernen? Über ein gesundes Miteinander von Biene und Mensch? Im Mittelpunkt dieses Buches steht die naturgemäße, ertragreiche, einfache und ökologische Bienenhaltung mit der neu entwickelten Bienenkugel-PRO. Bienen verbinden, von Bienen kann man lernen. Für interessierte Einsteiger ebenso geeignet wie für Imker, die rückenschonender und nachhaltig gesünder Bienen halten möchten.

Hannelore Zech
Alles aus dem eigenen Garten
Ganzjährig selbstversorgt mit Permakultur
1. Auflage 2021, 160 Seiten, Format 17 x 24 cm, durchgehend farbig, Hardcover
ISBN 978-3-95587-775-0
Preis: 19,90 €

Volker Zahner, Markus Schmidbauer, Gerhard Schwab & Christof Angst
Der Biber
Baumeister mit Biss
2. Auflage 2022, 192 Seiten, Format 23,5 x 26,5 cm, durchgehend farbig, Hardcover
ISBN 978-3-95587-793-4
Preis: 34,90 €

Kaum eine andere Tierart Mitteleuropas hatte ein so erfolgreiches Comeback wie der Biber. Durch Stauen, Fällen und Bauen schaffen die Tiere einen wirksamen Biotopverbund von ganzen Gewässersystemen und lassen verschwundene Arten zurückkehren. Dieses Buch basiert auf jahrelanger Forschung und täglicher Arbeit vor Ort. Es will den Blick schärfen für das Zusammenspiel von Biberaktivität und Artenvielfalt und eine Lanze brechen für das Miteinander von Mensch und Biber.

Gertraud Anna Portner
Oberpfälzer Gartenglück
Hobbygärtnern ins Beet geschaut
1. Auflage 2021, 176 Seiten, Format 21 x 24 cm, durchgehend farbig, Hardcover
ISBN 978-3-95587-081-2
Preis: 24,90 €

Christine Hochreiter
Manufakturen in Niederbayern
Von der Liebe zu handgemachten Dingen
1. Auflage 2021, 160 Seiten,
Format 13,5 x 20,5 cm,
durchgehend farbig,
Klappenbroschur
ISBN 978-3-95587-771-2
Preis: 17,90 €

Nudel-Kreationen aus dem Rottal, hopfige Spirituosen- und Schokoladenspezialitäten aus der Hallertau, Naturseifen aus dem Bayerwald – das Angebot an handgefertigten Erzeugnissen aus Niederbayern ist riesig! Und nicht selten haben die Menschen, die diese Produkte herstellen, ihre Passion zum Beruf gemacht. Ihr Handwerk verstehen sie als Gegenentwurf zur industriellen Massenfertigung und arbeiten qualitätsorientiert, nachhaltig und vor allem: mit viel Liebe zum Detail.

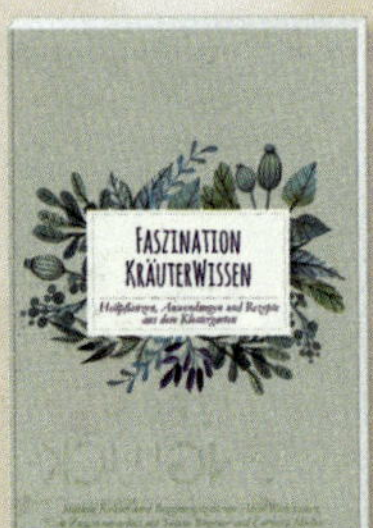

Faszination Kräuterwissen
Heilpflanzen, Anwendungen und Rezepte aus dem Klostergarten
1. Auflage 2019, 224 Seiten,
Format 14,8 x 21 cm,
durchgehend farbig,
Hardcover
ISBN 978-3-95587-067-6
Preis: 19,90 €

Pflanzen haben eine solch erstaunliche und wunderbare, aber doch so einfache Wirkungsweise. Kochen mit Frühlingskräutern im Freien, Pflanzenordnung und -bestimmung, die Heilkunde nach Hildegard von Bingen und Sebastian Kneipp: All diese Themen finden sich im Buch wieder. Ein Nachschlagewerk, das für Einsteiger geeignet ist, aber auch für Kenner noch einige Überraschungen bereithält!

Cornelia Müller mit Kräuter & Leut
Winterweihnacht
Alte & neue Bräuche – Rezepte – kreative Ideen – Pflegendes – Sinnliches
1. Auflage 2022, 160 Seiten,
Format 22 x 20,5 cm,
durchgehend farbig, Hardcover
ISBN 978-3-95587-092-8
Preis: 24,90 €

Cornelia Müller
Wildkräuter, Handarbeit & Brauchtum
Alte Rezepte, Handwerkstechniken & kreative Ideen
1. Auflage 2020, 192 Seiten,
Format 22 x 20,5 cm,
durchgehend farbig, Hardcover
ISBN 978-3-95587-077-5
Preis: 19,90 €

Einfach, natürlich – nachhaltig!

Du möchtest dich in deiner Haut wohlfühlen und bist es leid, chemische Produkte auf deine Haut zu schmieren? Du willst endlich Pflegeprodukte, die genau auf deine Bedürfnisse abgestimmt sind? Und dabei vielleicht auch noch an die Umwelt denken?
Dieses Buch erklärt dir, wie du natürliche Pflegeprodukte selber herstellen kannst: von Shampoo über Cremes, Deos und Lippenpflege bis hin zu Zahnpasta, Seife und vielen weiteren Produkten – für Kopf bis Fuß. Du findest verschiedenste Rezepte mit gut verständlichen Schritt-für-Schritt-Anleitungen und vielen Tipps zur Herstellung von Naturkosmetik in deinem Zuhause.

Ramona Luger
Naturkosmetik selber machen
Natürlich schön durch gesunde, nachhaltige und preiswerte Pflege · Einfache Rezepte & Ideen für Cremes, Seifenprodukte, Gesichtsmasken, Haarpflege & vieles mehr!
1. Auflage 2023, ca. 144 Seiten, Format 22 x 20,5 cm, durchgehend farbig, Hardcover
ISBN 978-3-95587-814-6 · Preis: 24,90 €

Annette Knell, bodenständige und doch spirituelle Kräuterhexe, erfolgreiche Heilpraktikerin und Autorin, schenkt uns ihre Kräuterrezepte und ihr Heilwissen aus über 30 Jahren eigener Praxiserfahrung. Mit diesem Buch können Sie nun auch selbst Kräuterrezepte aus Ihrer eigenen Kräuterapotheke zubereiten.

Annette Knell · **Einfach gsund mit Kräutermedizin**
Rezepte aus meiner bayerischen Heilpraxis
1. Auflage 2019, 184 Seiten, Format 14,8 x 21 cm, durchgehend farbig, Broschur
ISBN 978-3-95587-745-3 · Preis: 17,90 €

Andrea Leuoth-Münzberger
Frisches aus der Milchwerkstatt
Käse, Butter, Quark & Co. selber machen und genießen
1. Auflage 2021, 160 S., Format 22 x 20,5 cm, durchgehend farbig, Hardcover
ISBN 978-3-95587-773-6 · Preis: 19,90 €

Angela Marmor
Brot & Gefährten
Brote, Suppen, Aufstriche & Salate – saisonale Rezepte fürs ganze Jahr
1. Auflage 2021, 200 S., Format 21 x 24 cm, durchgehend farbig, Hardcover
ISBN 978-3-95587-782-8 · Preis: 24,90 €

Bayerische Jungbauernschaft e. V. (Hg.)
Landjugend kocht – regional & saisonal
1. Auflage 2021, 168 Seiten,
Format 22,5 x 20,5 cm,
durchgehend farbig, Hardcover
ISBN 978-3-95587-786-6 · Preis: 19,90 €

Waltraud Witteler & Maria Flor
Waltrauds Waldgeflüster
Geheimnisse der kreativen Pilzküche
1. Aufl. 2020, 176 S., Format 17 x 24 cm, durchgehend farbig, Hardcover
978-3-95587-069-0
Preis: 19,90 €

Herzhaftes Wildschweinfilet in Pfifferlingrahm, feinste Pilzküchlein, frischer Kräuterseitlings-Salat – dieses Kochbuch begeistert mit bekannten Klassikern ebenso wie mit Geheimnissen des Waldes. Das Buch ist für Anfänger wie für Küchenprofis geeignet – ein Muss für alle Schwammerl-Liebhaber!

Dieses Buch ist eine Fundgrube für alle, die fermentiertes Gemüse und Getränke selbst machen wollen. Der Autor hat sehr viele Tipps, Tricks und ausgefallene Rezepte gesammelt, die dem Leser weiterhelfen sollen, wohlschmeckende und vor allem haltbare Fermente aus regionalem Gemüse und heimischen Wildpflanzen herzustellen.

Es ist kein wissenschaftliches Buch über Ernährungskunde, sondern ein praktischer Ratgeber mit lebensnahen Beispielen aus dem Leben des Autors, der mit 44 Jahren mit der Begründung „unheilbar krank" in Frührente geschickt wurde. Mit gesunder Rohkost hat er sich „gesund gegessen". Fermentiertes Gemüse hatte einen wichtigen Anteil daran.

Der Autor hält Vorträge und gibt Tageskurse zum Fermentieren. Seine Erfahrung zum Thema macht den Wert dieses Buches aus.

Dietmar Fiebrandt
Gemüse haltbar machen durch Fermentieren
Immunsystem stärken durch gesunde Ernährung
Überarbeitete und erweiterte 3. Auflage 2022,
160 Seiten, Format 17 x 24 cm,
durchgehend farbig, Hardcover
ISBN 978-3-95587-818-4 · Preis: 24,90 €

Die Landfrauenberaterin und Kräuterexpertin Markusine Guthjahr spannt den Bogen vom Frischekick mit Frühlingskräutern über sommerlichen Beeren- und Blütengenuss, herbstlichen Gaumenschmaus bis hin zum deftigen Wurzelgemüse für kalte Wintertage. Ein ungewöhnliches Kochbuch mit viel Hintergrundwissen und praktischen Tipps!

Markusine Guthjahr
Die Speisekammer der Natur
Kochen im Einklang mit den Jahreszeiten
Gemüse · Kräuter · Früchte
1. Auflage 2020, 192 S., Format 17 x 24 cm,
durchgehend farbig, Hardcover
ISBN 978-3-95587-074-4 · Preis: 19,95 €

Schon die Vorstellung von Kaiserschmarrn, Marillenbuchteln oder Reiberdatschi wärmt den Bauch, bringt Wohlgefühl und erinnert an Gerüche, Geschmack und Erlebnisse aus der Küche der Kindheit. Schön, wenn man sich diesen Schatz unserer bayerischen Küchenkultur aneignen, genießen und weitergeben kann. Freude am Kochen und Genuss beim Essen tun Leib und Seele gut!

»Die Fotos machen Lust aufs Nachkochen.«
Stefan Grötsch, Juraland

Irmi Hofmann
Bayerische Mehlspeisen
3. Auflage 2020, 160 Seiten
ISBN 978-3-95587-730-9 · Preis: 19,90 €

Oberpfälzer Küchengeheimnisse ♥

Erdäpfl, a so a Freid
Neue und alte Kartoffelrezepte aus der Oberpfalz
2. Auflage, 176 Seiten
ISBN 978-3-935719-95-7
Preis: 19,95 €

Kouchn, Köichla, Kipfala
Oberpfälzer Brauchtumsbackbuch quer durchs Jahr
4. Auflage, 160 Seiten
ISBN 978-3-95587-102-4
Preis: 24,90 €

Roswitha Scheidler
Spouzn, Schoppala & Schwammerbröih
Althergebrachte und neue Oberpfälzer Küchengeheimnisse
8. Auflage, 160 Seiten
ISBN 978-3-95587-024-9
Preis: 19,95 €

Format 17 x 24 cm, durchgehend farbig, Hardcover

Neues aus dem Herbst 2022

Brennnessel-Rahmspinat

Zwirl, Schoppala, Schoarnbladl – diese und viele andere traditionelle Gerichte bieten die Rauschers seit vielen Jahren im bäuerlichen Kulturzentrum „Klostermühle Altenmarkt" am Stadtrand von Cham an. Hier wird Küchengeschichte lebendig!
In diesem Buch zeigen Ihnen die beiden Autorinnen, wie Sie mit einfachen einheimischen Grundzutaten abwechslungsreich und gesund kochen können – und wie Sie es schaffen, Lebensmittel nachhaltig zu verwerten. Viele der Gerichte sind rasch zubereitet und erfordern keine großen Vorkenntnisse.
Mehr als 200 Rezepte, Anregungen und Ideen – saisonal, regional und vor allem: **unglaublich guad!**

»Schon der Einband lässt einem das Wasser im Mund zusammenlaufen.«
Chamer Zeitung

Melanie Rauscher & Theresa Rauscher
Klostermühle Altenmarkt
Großes Oberpfälzer Kochbuch – So schmeckt's dahoam!
1. Auflage 2022, 184 S., Format 17 x 24 cm, durchgehend farbig, Hardcover
ISBN 978-3-95587-097-3 · Preis: 24,90 €

Bauchstecherl, Dotsch, Goaßbratl und vieles mehr: 414 Kartoffel-Rezepte finden Sie in diesem Buch, von einer Oberpfälzer Jury ausgewählt, von Chefkoch Dieter Haas probegekocht. Ein waschechter Oberpfälzer hat einmal gesagt: „Wer viel Freud' an der Arbeit hat und die Erdäpfl gern mag, der kann sich im Leben viel' schöne Tag machen." Machen auch Sie sich viele schöne Tage!

Inge Häußler
Großes Oberpfälzer Kartoffelkochbuch
7. Auflage 2020, 248 Seiten, Format 17 x 24 cm, durchgehend farbig, Hardcover
ISBN 978-3-86646-309-7 · Preis: 19,90 €

Neues aus dem Herbst 2022

Garnelen, Krebse, Kaviar – in der Oberpfalz? Ja, tatsächlich! Ebenso gibt es herrliche Forellen, Saiblinge, Zander – und allen voran natürlich den Oberpfälzer Spiegelkarpfen. Erleben Sie auf einer Reise durch die Oberpfalz von der Donau bis zum Stiftland die vielfältigen Landschaften, die Besonderheiten ihrer Natur, Kultur und Wirtschaft. Und entdecken und genießen Sie die hochwertige Produkte, die die Gewässer der einzelnen Region bieten: zubereitet in traditioneller Art, aber auch in vielen neuen, eigens kreierten Rezepten. Einfach nachzukochen, aber dennoch raffiniert.

»eine Kombination aus ‚aufgefrischten' traditionellen Rezepten (...) und modernen (...) Kompositionen«

Christa Vogel, Der Neue Tag

Waltraud Witteler & Claudia Gregor
Die besten Fischrezepte aus der Oberpfalz – von einfach bis raffiniert
1. Auflage 2022, 192 Seiten, Format 17 x 24 cm, durchgehend farbig, Hardcover
ISBN 978-3-95587-083-6 · Preis: 29,90 €

Die jungen Jäger mögen's WILD in Wald und Flur – und wild auf ihren Tellern! Sie sind WILD auf Nachhaltigkeit, Regionalität, Saisonalität, Tierwohl und die Natur. In diesem Kochbuch finden Sie alles rund ums Thema Wild: Hintergrundinfos, Basiswissen, feinste Rezepte. Kommen Sie mit auf eine kulinarische Reise und entdecken Sie die WILDE Welt der jungen Jäger!

Jägerkameradschaft Cham e. V.
Junge Jäger mögen's WILD
Guade Wildrezepte aus'm Woid
1. Auflage 2022, 176 Seiten, Format 17 x 24 cm, durchgehend farbig, Hardcover
ISBN 978-3-95587-800-9 · Preis: 24,90 €

Kohlrabi-Karotten-Strudel

Hans Bauer & Sandra Leitner
Strudellust herzhaft & süß
So schmeckt Glückseligkeit
1. Auflage 2022, 160 Seiten,
Format 21 x 28 cm,
durchgehend farbig, Hardcover
ISBN 978-3-95587-813-9 · Preis: 29,90 €

Dieses Buch überzeugt mit dem gesamten Strudelspektrum: Schnelle Genießerstrudel für jeden Tag, leckere Suppenstrudel, feine Gourmetstrudel, süße Strudelkreationen oder kleine Snack-Strudel. Weit über 200 Rezepte für Strudel und Beilagen, für leckere Klassiker ebenso wie für ganz neue Kreationen!

Hans Bauer & Sandra Leitner
Knödellust herzhaft & süß
So schmeckt Glückseligkeit
Überarb. und erweit. 2. Auflage 2022,
184 Seiten, Format 17 x 24 cm,
durchgehend farbig, Hardcover
ISBN 978-3-95587-801-6 · Preis: 24,90 €

Knödel können nicht nur Beilage, sondern auch kulinarische Hauptdarsteller sein! In diesem Kochbuch finden Sie 80 Rezeptideen: bewährte Knödel-Klassiker ebenso wie innovative Rezepte. Ein Kochbuch, das sich für Anfänger eignet, aber auch für Küchenprofis noch viel Neues bereithält.

Weltenburg – dort wird seit anno 1050 nachweislich das älteste Klosterbier gebraut. Und die Klosterküche zeigt sich Genussfreunden aus aller Welt von seiner vielfältigsten Seite. Diese besondere Stimmung hat die Klosterbrauerei Weltenburg nun zusammen mit Bierliebhabern und Experten in einem einzigartigen Genussbuch vereint.

Weltenburger Genussbuch
Weltoffen, abwechslungsreich und genussvoll
Kraftvolle Rezepte rund um die älteste Klosterbrauerei der Welt
1. Auflage 2022, 136 Seiten, Format 17 x 24 cm,
durchgehend farbig, Hardcover
ISBN 978-3-95587-412-4 · Preis: 19,90 €

Kartenspielen mit Erich Rohrmayer

Watten, Wallachen, Schafkopfen mit der langen oder der kurzen Karte – egal, um welches Kartenspiel es sich dreht: Erich Rohrmayer weiß Bescheid! Auf einem Bauernhof mit Gastwirtschaft in der Nähe von Schierling groß geworden, beschäftigt sich Rohrmayer, seit er denken kann, mit Kartenspielen. Im Laufe der Jahre hat er festgestellt, dass viele Leute gerne Karten spielen würden, aber oft einfach niemanden haben, der ihnen die Spiele beibringt. Mit seinen Ratgebern will er diesem Umstand Abhilfe schaffen und einen Beitrag dazu leisten, dass das „Karteln" nicht ausstirbt.

Schafkopfen mit der langen und der kurzen Karte
1. Auflage 2020, 88 Seiten,
Format 20,5 x 13,5 cm,
durchgehend farbig, Broschur
mit Drahtkammbindung
ISBN 978-3-95587-070-6
Preis: 14,90 €

Lerne Watten, 3. Auflage 2022
ISBN 978-3-95587-090-4 · Preis: 14,90 €

Lerne Böhmisch Watten & Grasobern
ISBN 978-3-95587-056-0 · Preis: 9,95 €

Lerne Wallachen
ISBN 978-3-95587-023-2 · Preis: 9,95 €

Lerne Skat
ISBN 978-3-95587-035-5 · Preis: 9,95 €

je 80 Seiten, Format 17,5 x 11,5 cm, durchgehend farbig illustriert, Broschur mit Spiralbindung und Umschlag

Vergessene Rezepte aus dem Bayerischen Wald

Format 17 x 24 cm, durchgehend farbig, Hardcover

Rupert Berndl
Rehragout
und Schnepfendreck
Alte, vergessene Rezepte
für Wildgerichte
1. Auflage 2020, 176 Seiten
ISBN 978-3-95587-767-5
Preis: 24,90 €

Rupert Berndl
Brennsuppn und Erdäpfel
Vergessene Rezepte
aus dem Bayerischen Wald
5. Auflage 2019, 160 Seiten
ISBN 978-3-89682-201-7
Preis: 19,90 €

Rupert Berndl
Kartoffelsterz
und Hollerkoch
Rezepte aus schweren Zeiten
2. Auflage 2019, 144 Seiten
ISBN 978-3-86646-701-9
Preis: 24,90 €

Im April 1945 begann die 3. US-Armee, in die Oberpfalz vorzustoßen. Aufgrund unsinniger Durchhaltebefehle Adolf Hitlers kam es an vielen Orten der Oberpfalz oft noch zu erschütternden Ereignissen und furchtbaren Zerstörungen. Diese lässt der Autor in vorliegendem Buch mit vielen Hintergrundinformationen und Bildern noch einmal lebendig werden. Grundlage für das Werk waren zahlreiche Zeitzeugen-Berichte und amerikanische Kriegstagebücher.

Rainer Ostermann
Kriegsende in der Oberpfalz
Ein historisches Tagebuch
3. Auflage 2023, 192 Seiten, Format 17 x 24 cm,
s/w bebildert, Hardcover
ISBN 978-3-95587-424-7 · Preis: 24,90 €

Bücher von Peter Schmoll

Messerschmitt-Giganten und der Fliegerhorst Regensburg-Obertraubling 1936–1945
Überarbeitete 3. Auflage 2022, 280 Seiten, Format 21 x 28 cm, s/w bebildert, Hardcover
ISBN 978-3-95587-416-2
Preis: 39,90 €

Me 109
Produktion und Einsatz
312 Seiten, Format 21 x 28 cm, Hardcover
ISBN 978-3-86646-356-1
Preis: 29,90 €

Die Messerschmitt-Werke im Zweiten Weltkrieg
3. Auflage, 232 Seiten, Format 17 x 24 cm, Hardcover
ISBN 978-3-931904-38-8
Preis: 20,50 €

Luftangriffe auf Regensburg
Die Messerschmitt-Werke und Regensburg im Fadenkreuz alliierter Bomber 1939 – 1945
3. Auflage 2019, 272 Seiten, Format 21 x 28 cm, Hardcover
ISBN 978-3-86646-380-6
Preis: 29,90 €

Sperrfeuer
Die Regensburger Flakhelfer
144 Seiten, Format 17 x 24 cm, Broschur
ISBN 978-3-86646-357-8
Preis: 19,90 €

Regensburg Die Katastrophe vom 17. August 1943
1. Auflage 2018, 128 Seiten, Format 17 x 24 cm, Broschur
ISBN 978-3-86646-369-1
Preis: 19,90 €

Oskar Duschinger · **Maxhütte**
Geschichte eines Werkes und einer Stadt.
30 Jahre nach dem Ende des Eisenwerkes Maximilianshütte in Haidhof
1. Auflage 2020, 272 S., Format 14,8 x 21 cm, s/w bebildert, Broschur
ISBN 978-3-86646-383-7 · Preis: 14,90 €

Oskar Duschinger · **Hans Schuierer**
Symbolfigur des friedlichen Widerstandes gegen die WAA
1. Auflage 2018, 408 S., Format 17 x 24 cm, s/w bebildert, Hardcover
ISBN 978-3-95587-063-8 · Preis: 19,90 €

Gerda Adlhoch · **Jakob Weinbeck**
Spuren eines Lebens in Donaustauf 1882–1967
1. Auflage 2022, 128 S., Format 14,8 x 21 cm, durchgehend farbig, Hardcover
ISBN 978-3-95587-422-3 · Preis: 19,90 €

Jakob Weinbeck – Maurer. Familienvater. Sozialdemokrat.

1882 geboren, hatte der Donaustaufer Jakob Weinbeck ein bewegtes Leben. Er fand sich in den Kriegswirren des Ersten Weltkriegs wieder, erlebte die Machtergreifung der Nationalsozialisten und den Zweiten Weltkrieg. Als engagiertes SPD-Mitglied geriet er 1933 in eine gefährliche Lage.
Gerda Adlhoch hat die Lebensgeschichte ihres Großvaters Jakob Weinbeck niedergeschrieben – herausgekommen ist ein zeitgeschichtliches Dokument, das nicht nur von der Biografie eines einzelnen Mannes erzählt, sondern sich auch der Ortsgeschichte des Marktes Donaustauf während dieser dunklen Zeit widmet.

Bildbände von Ulrike Holzapfel

Format 22 x 20,5 cm, s/w bebildert, Hardcover

Abensberg in den 30er bis 50er Jahren
1. Auflage 2021, 208 Seiten
ISBN 978-3-95587-408-7
Preis: 24,90 €

Abensberg in den 60er und 70er Jahren
1. Auflage 2020, 200 Seiten
ISBN 978-3-86646-393-6
Preis: 19,90 €

Mit ihren erfolgreichen Abensberg-Bildbänden nimmt Ulrike Holzapfel Sie mit auf einen Spaziergang durch das historische Abensberg – sehen Sie, wie sich die Stadt im Laufe der Zeit verändert hat.

Bergverein Kallmünz e. V. (Hg.)
Ein Spaziergang durch Kallmünz in historischen Postkarten & Fotos
1. Auflage 2021, 144 Seiten,
Format 24 x 21 cm,
s/w bebildert, Hardcover
ISBN 978-3-95587-406-3
Preis: 19,90 €

Dieses Buch ist ein weiterer wertvoller Baustein in der Dokumentation der Kallmünzer Ortsgeschichte.

Julia Knoll & Peter Milic
Regensburg in historischen Bildern, Band 1
Straßen, Gassen und Plätze auf Ansichtskarten
128 Seiten,
Format 22 x 20,5 cm,
s/w bebildert, Hardcover
ISBN 978-3-86646-324-0
Preis: 14,90 €

Julia Knoll & Peter Milic
Regensburg in historischen Bildern, Band 2
Gebäude und Bauwerke auf Ansichtskarten
136 Seiten,
Format 22 x 20,5 cm,
s/w bebildert, Hardcover
ISBN 978-3-86646-346-2
Preis: 14,90 €

Gabriele Kiesl & Uschi Gillitzer
Cham und Umgebung – Gestern und heute
1. Auflage 2019, 128 Seiten,
Format 22 x 21 cm,
durchgehend farbig, Hardcover
ISBN 978-3-95587-051-5
Preis: 19,90 €

Bildbände von Martin Ortmeier

Format 26 x 21 cm, s/w bebildert, Hardcover

Schee is gwen, owa hirt
Alte Bilder aus dem Bayerischen Wald
Überarbeitete 6. Auflage 2022, 128 Seiten
ISBN 978-3-95587-815-3 · Preis: 24,90 €

Seinerzeit auf dem Land
Alte Bilder von Frauenalltag und Männerwelt in Ostbaiern
1. Auflage 2018, 144 Seiten
ISBN 978-3-95587-736-1 · Preis: 19,90 €

Martin Ortmeier · **Herent und drent**
Alte Bilder aus dem Bayerischen Wald und dem Böhmerwald
Überarbeitete 3. Auflage 2023, 160 Seiten
ISBN 978-3-95587-821-4 · Preis: 24,90 €

Ganz fern von den Zentren der Macht, des Welthandels und der Schwerindustrie hatten sich im Bayerischen Wald und im Böhmerwald lange Zeit Zeugnisse einer alten bäuerlichen und gewerblichen Welt erhalten, die dem Atem des natürlichen Tages- und Jahresablaufs gehorchte. Als sich in einem größeren Europa die Grenzen öffneten, wandelte sich diese Welt rapide. In diesem Buch wird der alten Zeit des lange geteilten Mittelgebirgslandes in Bildzeugnissen nachgespürt. Von Cham bis Obernzell und von Eisenstein bis Außergefild und Prachatitz spannt sich das Panorama der Fotografien. Erst der genaue Blick auf das, was war, öffnet den Blick auf die gewaltigen Veränderungen, die sich eingestellt haben.

Rupert Berndl
Als die Eisenbahn in den Wald kam
Eine Erfolgsgeschichte aus dem Bayerischen Wald
1. Auflage 2019, 136 Seiten, 17 x 24 cm, farbig, Hardcover
ISBN 978-3-95587-750-7
Preis: 19,90 €

Dieses Buch beschreibt ausführlich die Bedeutung der Eisenbahn für die wirtschaftliche Blütezeit des Bayerwaldes. Rupert Berndl widmet sich der Erschließung des Bayerischen Waldes mit den verschiedenen Lokalbahnen ab Ende des 19. Jahrhunderts. Damit begann der wirtschaftliche Aufschwung; Industrie und Tourismus begannen sich erfolgreich zu entwickeln.

Wolf-Dietrich Nahr
Menschen am Alten Kanal
Leben an König Ludwigs Wasserstraße
1. Auflage 2022,
108 Seiten,
Format 21 x 24 cm,
s/w bebildert, Hardcover
ISBN 978-3-95587-088-1
Preis: 24,90 €

Der Fotograf Wolf-Dietrich Nahr hat über zehn Jahre mit analogen Vintage-Kameras am Alten Kanal auf Schwarzweiß-Film fotografiert und zeigt die Menschen entlang des Kanals in wundervollen Fotografien und Texten.

»Berückend schön bebildert.«
Olaf Przybilla,
Süddeutsche Zeitung

Fritz Rehbach & Gabriele Deml
Großprüfening
Das Dorf im Stadtwesten – damals und heute
1. Auflage 2021, 176 Seiten,
Format 21 x 24 cm,
s/w bebildert, Hardcover
ISBN 978-3-95587-405-6
Preis: 19,90 €

Der Verein kümmert sich um die Betreuung traditioneller Hauskrippen und Kirchenkrippen in Regensburg und Umgebung, darunter etliche Jahreskrippen, die mit Darstellungen aus dem Alten und Neuen Testament das Kirchenjahr begleiten.

Regensburger Krippenverein e.V. (Hg.)
Regensburger Krippen · Einzigartiger Facettenreichtum in der Donaustadt und Umgebung
100 Jahre Krippenverein Regensburg e.V.
1. Auflage 2022, 128 Seiten, Format 22 x 20,5 cm,
durchgehend farbig, Hardcover
ISBN 978-3-86646-398-1 · Preis: 19,90 €

Standardwerk

Karl und Peter Bauer
Regensburg – Kunst-, Kultur- und Alltagsgeschichte
6. Auflage, 1088 S., 17 x 24 cm,
mit zahlreichen
s/w-Abbildungen, Hardcover
mit Schutzumschlag
ISBN 978-3-86646-300-4
Preis: 49,90 €

schwafi
Nichts als die Wahrheit über Regensburg
1. Auflage 2020, 176 Seiten,
Format 13,5 x 20,5 cm, Broschur
ISBN 978-3-86646-382-0
Preis: 14,90 €

Klaus Schwarzfischer (schwafi)
Max und Moritz af Bairisch
1. Auflage 2019, 64 Seiten,
Format 17 x 24 cm,
durchgehend farbig, Hardcover
ISBN 978-3-95587-752-1
Preis: 14,90 €

Klaus Schwarzfischer (schwafi)
Da Schtruwlbeda af Bairisch
2. Auflage 2020, 44 Seiten,
Format 17 x 24 cm,
durchgehend farbig, Hardcover
ISBN 978-3-95587-709-5
Preis: 14,90 €

Michl Ehbauer
Baierische Weltgschicht, Bd. 1 (farbig illustrierte Schmuckausgabe)
6. Auflage 2019, mit
Illustrationen von Heidi Eichner,
312 Seiten, 14,8 x 21 cm,
durchgehend farbig, Hardcover
ISBN 978-3-86646-760-6
Preis: 19,90 €

Alfons Schweiggert
Königlich Bayerisches Kopfkissenbuch
Aufgeweckte Geschichten zum
Schmunzeln und Lachen
1. Auflage 2020, 144 Seiten,
Format 13,5 x 20,5 cm, Broschur
ISBN 978-3-95587-756-9
Preis: 14,90 €

Alfons Schweiggert
Das Nachtkastlbuch
Heitere Betthupferl-Geschichten
4. Auflage 2019, 160 Seiten,
Format 13,5 x 20,5 cm, Broschur
ISBN 978-3-86646-740-8
Preis: 14,90 €

Hörbuch / Audio-CD
1. Auflage 2021,
Spieldauer: 65 Min.
ISBN 978-3-95587-785-9
Preis: 14,90 €

Eva Karl Faltermeier · **Der Grant der Frau**
Geschichten einer unterschätzten Emotion
1. Auflage 2021, 192 Seiten, Format 13,5 x 20,5 cm,
mit s/w-Abbildungen, Hardcover
ISBN 978-3-95587-784-2 · Preis: 14,90 €

Evi Wagner · **Glück**
Rezepte für mehr
Lebensfreude
1. Auflage 2022,
160 Seiten,
Format 14,8 x 21 cm, Broschur
ISBN 978-3-95587-091-1
Preis: 19,90 €

Andreas Dick
Wos i dia wünsch
Überarbeitete und erweiterte
2. Auflage 2020, 120 Seiten,
Format 12,5 x 18,5 cm,
farbig bebildert, Hardcover
ISBN 978-3-95587-762-0
Preis: 12,90 €

Ute Freihart · **Des konnst deim Bou veazöhln**
Oberpfälzisch für Anfänger
2. Auflage 2020, 88 Seiten,
Format 12 x 18 cm,
durchgehend farbig, Broschur
ISBN 978-3-95587-078-2
Preis: 12,90 €

Otto Hietsch & Andreas Dick
(Bearb.)
Wörterbuch Bairisch – English
2. Auflage 2019, 192 Seiten,
Format 14,8 x 21 cm,
s/w illustriert, Hardcover
ISBN 978-3-86646-739-2
Preis: 19,90 €

Lustige Geschichten von Toni Lauerer

je ca. 160 Seiten, Format 13,5 x 20,5 cm, Hardcover, Preis: 14,90 €

Gestern beim Unterwirt
1. Auflage 2020
ISBN 978-3-86646-390-5

Mei, bin i a Depp!
2. Auflage 2019
ISBN 978-3-86646-371-4

Der Alltag is da Wahnsinn
ISBN 978-3-86646-337-0

Willkommen im Spiegelsaal
ISBN 978-3-86646-305-9

Voll im Trend
2. Auflage
ISBN 978-3-934863-68-2

I bin's wieder
2. Auflage
ISBN 978-3-934863-31-6

Hörbuch / Audio-CD
1. Auflage 2018, 2 CDs
ISBN 978-3-95587-735-4
Preis: 19,90 €

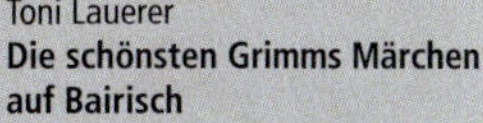

Toni Lauerer
Die schönsten Grimms Märchen auf Bairisch
1. Auflage 2018, 136 S., Format 17 x 24 cm, durchgehend farbig, mit Illustrationen von **Heidi Eichner,** Hardcover
ISBN 978-3-95587-719-4 · Preis: 19,90 €

Hörbuch / Audio-CD
ISBN 978-3-86646-361-5
Preis: 14,90 €

Hubertus Hinse & Toni Lauerer
Glaubn mechst es ja ned
Sagen aus der Oberpfalz
2. Auflage 2020, 152 Seiten, Format 13,5 x 20,5 cm, Hardcover
ISBN 978-3-86646-362-2 · Preis: 14,90 €

Wos gibt's Neis?
5. Auflage
ISBN 978-3-931904-77-7

Hauptsach', es schmeckt!
7. Auflage
ISBN 978-3-934863-08-8

I glaub, i spinn
14. Auflage
ISBN 978-3-931904-43-2

Alfons Schweiggert
Bayerische Märchen
3. Auflage 2022, 344 Seiten, mit Illustrationen von Peter Mühlbauer
ISBN 978-3-95587-802-3

Michael Waltinger
Niederbayerische Sagen
6. Auflage 2019, 232 Seiten, mit Illustrationen von Peter Mühlbauer
ISBN 978-3-86646-779-8

Gustl Motyka
Sagen und Legenden aus dem Land um Regensburg
5. Auflage 2020, 192 Seiten
ISBN 978-3-86646-384-4

Format 13,5 x 20,5 cm, Hardcover, Preis: 19,90 €

Toni Lauerer
A scheene Bescherung
Neue Geschichten zur Weihnachtszeit
1. Auflage 2019, 160 Seiten
ISBN 978-3-86646-328-8
Preis: 14,90 €

Toni Lauerer
Scho wieder Weihnachten?
Neue Geschichten zum Fest
3. Auflage 2022, 160 Seiten
ISBN 978-3-95587-415-5
Preis: 16,90 €

Toni Lauerer
Endlich wieder gschafft
Weihnachtsgeschichten
9. Auflage, 160 Seiten
ISBN 978-3-934863-17-0
Preis: 14,90 €

160 Seiten, Format 13,5 x 20,5 cm, Hardcover

Helmut Eckl (Hg.)
I sog nix!
Vom brandgefährlichen Dialog zwischen ihm und ihr
1. Auflage 2022,
160 Seiten
ISBN 978-3-89251-532-6
Preis: 12,90 €

„Weiber" und „Manner" verstehen sich nach den neuesten wissenschaftlichen Erkenntnissen seit ungefähr zwei Millionen Jahren täglich nur ein paar Minuten lang. Die übrige Zeit sollten sich beide tunlichst aus dem Weg gehen – ein Büchlein mit unterhaltsamen Anekdoten, Betrachtungen, Dialogen und Szenen.

Astrid Schäfer (Hg.)
Grant
Eine bayerische Gemütslage
1. Auflage 2019,
160 Seiten
ISBN 978-3-89251-518-0
Preis: 12,90 €

Als einen, wenn nicht DEN Wesenszug des Bayern bezeichnet man ihn gern – den Grant. 36 Autoren und Autorinnen haben sich in vorliegender „Granthologie" dieses verzwickten Themas angenommen. Spöttisch und lustig sind ihre Texte, hinterkünftig und mitunter gar philosophisch – oder eben grantig.

Klaus Kiermeier (Hg.)
Dahoam
Unser bayerisches Lesebuch
256 Seiten
ISBN 978-3-89251-500-5
Preis: 14,90 €

Wo ist der bayerische Mensch „dahoam"? Neben den erzählerischen Texten hat der kundige Herausgeber auch Sachtexte ausgewählt, die Auskunft geben übers „Dahoam"-Sein in Bayern. Nachdenkliches ist dabei und Romantisch-Nostalgisches, Gspaßiges und sogar Realistisch-Herbes.

Gerd Holzheimer (Hg.)
„Man hat halt so eine Sehnsucht in sich …"
Eros in Bayern
240 Seiten
ISBN 978-3-89251-462-6
Preis: 14,90 €

Es gibt unzählige Spielarten der sinnlichen Anziehung. In Form zarter Andeutungen, in Form konkreter Bedürfnisse des Leibes. Ein Buch, in dem Künstler, Bauernknechte, Könige, Dichterinnen, Revoluzzer und Mätressen zu Wort kommen – ein Lesevergnügen ersten Ranges über ein sehr menschliches Thema.

Format 14,5 x 21,5 cm, Klappenbroschur

Susanne Mittermaier
Alles, was recht ist · Bayerische Kriminalfälle vor Gericht
208 Seiten
ISBN 978-3-89251-501-2 ·
Preis: 12,90 €

Verbrechen üben eine unheimliche Faszination auf uns Menschen aus, heute wie auch früher schon. Die geschichtskundige Autorin Susanne Mittermaier hat vierzig Fälle aus Bayern zusammengestellt, die vom späten 18. bis ins frühe 20. Jahrhundert reichen – eine kleine Kriminalgeschichte und ein Sittenbild früherer Tage.

Norbert Göttler
Die Pfuscherin Amalie Hohenester, Wunderheilerin und Doktorbäuerin
Roman
160 Seiten
ISBN 978-3-89251-467-1
Preis: 11,90 €

Im Winter 1863 wird ein verkommener Gutshof im Dachauer Hinterland aus seinem Dämmerschlaf geweckt: Um die alte Heilquelle Mariabrunn herum will die „Doktorbäuerin" Amalie Hohenester einen Kurbetrieb eröffnen. Bald feiert sie Erfolge mit ihren unkonventionellen Behandlungsmethoden …

Manfred Böckl
Jennerwein Ein bayerisches Wildererdrama
Historischer Roman
138 Seiten
ISBN 978-3-89251-466-4
Preis: 11,90 €

Bis heute wird der 1877 erschossene 30-jährige Georg Jennerwein als rebellischer Wildschütz verehrt. Doch warum genießt der im Jennerwein-Lied sentimental Verklärte immer noch solche Achtung? War er wirklich der Volksheld, der hinterrücks von einem feigen Jäger niedergestreckt wurde, wie es das Lied suggeriert?

Manfred Böckl
Agnes Bernauer Hexe · Hure · Herzogin
208 Seiten
ISBN 978-3-89251-492-3
Preis: 12,90 €

Agnes Bernauer – mit diesem Namen ist eine der innigsten und zugleich unglücklichsten Liebesgeschichten des Mittelalters verbunden. Einer Liebe, die sich über alle gesellschaftlichen Schranken hinwegsetzte und die bis heute die Gemüter bewegt …

Format 14,5 x 21,5 cm, Klappenbroschur

Wilma Pfeiffer
Warum ist die Donau so blau? Märchen · Mythen · Mutmaßungen
1. Auflage 2019, 176 Seiten
ISBN 978-3-89251-515-9
Preis: 12,90 €

Wilma Pfeiffer lädt ein zu einer Fahrt ins Blaue, die Donau entlang, und erzählt in ihrem charmanten Plauderton allerlei Merkwürdiges. Da geht es um Sagen wie das Gold der Donaunixe, eine angeschwemmte Muttergottesstatue und den Donaufürsten und vieles mehr.

Wilma Pfeiffer
Die wilde Kaiserin Sisi in Geschichten und Anekdoten
2. Aufl. 2018, 160 S., 13,5 x 20,5 cm, Hardcover
ISBN 978-3-89251-503-6
Preis: 14,90 €

Auf charmante und unterhaltsame Weise berichtet Wilma Pfeiffer vom „Mythos Sisi": Dabei kommt es ihr vor allem auf eine glaubwürdige Darstellung der Entwicklung Elisabeths vom schüchternen Mädel aus der bayerischen Provinz zur strahlenden Kaiserin an.

Alois Angerpointner
Butterhex und Hacklmo Sagen aus Altbayern
192 Seiten, s/w bebildert
ISBN 978-3-89251-491-6
Preis: 12,90 €

Haben Sie schon einmal vom „Hacklmo" gehört? Können Sie sich vorstellen, was eine „Butterhex" anrichtet? Oder wissen Sie, wo der Läalahund die Leut erschreckt? Rätsel über Rätsel – doch in diesem Buch werden sie alle gelöst. Ein wunderbares Sagenbuch für Erwachsene!

Format 14,5 x 21,5 cm, Klappenbroschur

Werden Sie zum Insider der bairischen Fluch-Kultur!

Aus sämtlichen Bereichen sind hier Schimpfworte und Drohungen zusammengetragen und erläutert.

Astrid Schäfer
Das bairische Fluch-Buch
Schimpfworte und Drohungen gesammelt und zur Anwendung freigegeben von Astrid Schäfer
1. Auflage 2018, 96 S., Format 11 x 19 cm, Hardcover
ISBN 978-3-89251-509-8 · Preis: 11,90 €

Norbert Göttler
Ohrwuzler und Zeiserlwagen
Alte bairische Worte
Wiederentdeckt und erklärt
von Bezirksheimatpfleger
Norbert Göttler
96 Seiten, Format 11 x 19 cm,
Hardcover
ISBN 978-3-89251-465-7
Preis: 11,90 €

Wollen Sie wissen, was in einem „Riahmillekiewe" angerührt wird? Oder interessiert es Sie, wo ein „Haislschleicha" herumschleicht? Norbert Göttler hat nach alten bairischen Begriffen geforscht. Erfrischend unterhaltsame Texte – für Freunde der bairischen Mundart.

Franz Ringseis
Ringseis' Bayerisches Wörterbuch
5. Auflage 2020, 368 Seiten,
Format 11,5 x 17,5 cm,
Hardcover
ISBN 978-3-89251-350-6
Preis: 19,90 €

Norbert Göttler
Irxenschmoiz und Wedahex
Alte bairische Worte
Wiederentdeckt und erklärt
von Bezirksheimatpfleger
Norbert Göttler
2. Auflage, 96 Seiten,
Format 11 x 19 cm, Hardcover
ISBN 978-3-89251-454-1
Preis: 11,90 €

„Unser bairisches Wort" im Buch gesammelt: unterhaltsamen und gleichwohl fundierte Betrachtungen eines bekennenden Mundartsprechers. Zum Staunen und Wundern beim Lesen – und zum freudigen Wiedererkennen (oder gar Wiederverwenden) alter bairischer Mundartbegriffe.

Wilhelm Liebhart
Altbayerische Geschichte
180 Seiten, Format 23 x 22 cm,
Hardcover
ISBN 978-3-89251-264-6
Preis: 25,50 €